面向顾客需求的
中国移动商务竞争力研究

黄 伟 著

中国水利水电出版社
www.waterpub.com.cn

内 容 提 要

我国多家通信运营商已经开始了4G设备的选型和试验网的架设工作。本书针对4G市场环境,对移动商务的市场规律和消费者行为进行了深入的研究,较为系统地提出了一套提高移动商务竞争力的理论和方法,并取得了一定的应用成果,对于降低市场风险,推进我国4G市场的发展做出了有益的探索。

图书在版编目（CIP）数据

面向顾客需求的中国移动商务竞争力研究 / 黄伟著. -- 北京：中国水利水电出版社，2014.8（2022.9重印）
ISBN 978-7-5170-2350-0

Ⅰ.①面… Ⅱ.①黄… Ⅲ.①移动通信－邮电企业－企业竞争－竞争力-研究－中国 Ⅳ.①F632

中国版本图书馆CIP数据核字(2014)第188562号

策划编辑:杨庆川　　责任编辑:张玉玲　　封面设计:崔　蕾

书　　名	面向顾客需求的中国移动商务竞争力研究
作　　者	黄伟 著
出版发行	中国水利水电出版社 （北京市海淀区玉渊潭南路1号D座　100038） 网址：www.waterpub.com.cn E-mail:mchannel@263.net（万水） 　　　　　　sales@mwr.gov.cn 电话：(010)68545888（营销中心）、82562819（万水）
经　　售	北京科水图书销售有限公司 电话：(010)63202643、68545874 全国各地新华书店和相关出版物销售网点
排　　版	北京鑫海胜蓝数码科技有限公司
印　　刷	天津光之彩印刷有限公司
规　　格	170mm×240mm　16开本　12印张　215千字
版　　次	2015年1月第1版　2022年9月第2次印刷
印　　数	3001-4001册
定　　价	36.00元

凡购买我社图书，如有缺页、倒页、脱页的，本社发行部负责调换

版权所有·侵权必究

Abstract

In China, most large telecommunication operators, such as China Mobile, China Unicom, China Telecom and China Netcom have already selected equipments of 4G infrastructure and constructed experimental wireless network. At the same time, these operators begin to explore appropriate 4G business mode, and speed the preparation for commercial use of the Mobile-commerce (abbr. M-commerce) applications. As the main business and income are changing from 3G to 4G, operators hope that with the increase of value-added M-commerce applications' revenue, they can cooperate with Service Providers (SP), Content Providers (CP) and other partners and win the edge in the competition. During the booming period of 4G market, it is very important to deeply study the principle of M-commerce market, carefully find out the profit pattern of M-commerce value chain and accurately understand the consumers' requirements. That is also useful for the promotion of operators' competitiveness and our nation's information level. Based on such reasons, a research "M-commerce Competitiveness Customer Requirements Oriented Based on 4G Market" is carried out, which systematically study on the economic principles of M-commerce market and propose a set of theories and methods on M-commerce application mode, consumer behavior, business model and development strategy to improve the practitioners' competitive capability. The content mainly consists of:

(1) M-commerce is still a novel field, for few studies are carried out among domestic researchers. The dissertation presents the characters of M-commerce, constructs a M-commerce market model, investigate the transitional process in China and analyzes the formation and cooperation patters of M-commerce value chain. Referring to a lot of foreign literatures, 5 focused research fields and their correlation are summarized. Based on the above studies, a research framework on M-commerce competitiveness is proposed.

(2) A majority of traditional M-commerce classification models commonly uses technical or application criteria usually stands on practitioners' perspective.

These models can hardly direct market research and strategy decision. In this dissertation, a exploratory factor analysis (EFA) is adopted to conduct an empirical study on customers' requirements in 4G age through actual investigation. A customer requirement oriented M-commerce classification model is proposed by means of principle component method, which extracts common factors through several iterative convergences. Using this model, customer's requirements can be understood accurately and the most favorite M-commerce applications by customers can be selected to meeting customer's perception. Thus, practitioners can promote their competitive capabilities.

(3) Supported by the structural equation model (SEM), the dissertation constructs a confirmatory M-commerce model which sets M-commerce competitiveness as exogenously latent variable and sets application category as exogenously observable indicators. A recursion iteration method is used to elaborately analyze goodness of fit of the model and statistical test. After that, an M-commerce competitive capability model is proposed. According to the coefficient and loading of each factors in this model, the extent and intensity of each M-commerce category and application are detailed, which can exactly direct the strategy decision making of M-commerce in 4G market.

(4) In order to improve the objectivity of existing Fuzzy-AHP method, an mended Fuzzy Synthetic Evaluation Method is proposed, which introduces a objective way to determine the evaluation structure and the weights, i.e. evaluation structure comes from investigation data's inner structure formed by exploratory factor analysis (EFA) and factor weight comes from the coefficient calculated from confirmatory factor analysis (CFA). Furthermore, triangle fuzzy number (TFN) is applied in the improved Fuzzy Synthetic Evaluation. It makes the evaluation result more reliable and reasonable through these improvements. Using this evaluation method to choose the optimized M-commerce strategy can make the decision process more consistent and more competitive with the practical market.

(5) For the sake of rapidly strategy decision-making in the complex and changing commercial environment, the dissertation further studies the computer aided Fuzzy-AHP evaluation system and develops a Fuzzy Synthetic Evaluation proto-

type system in Microsoft Visual Studio . Net 2005 environment. The prototype system can input evaluation structure and choose evaluation method dynamically. Owing to the flexibility, it can be applied not only on the M-commerce strategy decision-making, but also on the other issues. Satisfying effects have been acquired by using this prototype system in the market strategy decision-making process by China Mobile Communication Corporation Henan branch. Through that, the theories and methods proposed by this dissertation are demonstrated useful and testified in the practice.

Through systematic research on the customers' requirements on M-commerce market, a set of theories and methods are put forwarded to improve competitive capabilities of practitioners in 4G markets. This dissertation is supported by science and technology program funded project of Zhengzhou city (Grant No. 064SGDN8195-4)) and investigation topic of Henan Social Science Association (Grant No. SKL-2006-1992).

Key words: M-commerce; 4G; Network Externality; Exploratory Factor Analysis; Structural Equation Model; Confirmatory Factor Analysis; Triangle Fuzzy Number; Fuzzy Synthetic Evaluation Method; Fuzzy Synthetic Evaluation Prototype

摘　　要

在我国,包括中国移动、中国联通、中国电信、中国网通等多家运营商都未雨绸缪,已经开始了4G设备的选型和试验网的架设工作。在建网同时,各运营商也加紧了移动商务的业务储备和商用进程,探索4G产业运营模式,在话音业务和收入平稳过渡至4G的同时,寄希望于增值移动商务业务收入的增长,引领服务提供商、内容提供商在规范运作的模式中实现共赢。在4G技术在中国大规模商用前夕的关键阶段,深入研究移动商务市场的规律,了解移动商务产业链的构成和盈利模式,深刻理解消费者对移动商务应用的需求,对于提高运营企业竞争能力,促进移动商务应用在我国顺利导入,加快我国的信息化发展水平,无疑具有重大的理论意义和实践意义。本书开展基于"面向顾客需求的中国移动商务竞争力研究",在4G市场环境下,对移动商务的市场规律和消费者行为进行了深入的研究,较为系统的提出了一套提高移动商务竞争力的理论和方法,并取得了一定的应用成果,主要研究内容如下:

(1)移动商务本身是一个新兴的研究领域,涉及经济、管理、通信、计算机、法律等多个学科领域,国内的相关研究还比较少,作者通过与传统电子商务市场的对比,提出了一个移动商务市场模型,深入分析了移动商务市场的本质特征,并对移动商务产业链的组成和合作模式进行了研究;在查阅大量外文文献的基础上,对现有文献进行了梳理,概括总结出了移动商务的5大研究领域及其相互关系,并据此提出了本书移动商务竞争力的研究框架。

(2)采用探索性因子分析方法,通过实际调研数据,对4G市场环境下消费者的移动商务需求状况进行实证研究,使用主成分分析方法通过多次迭代提取公共因子,归纳得出面向顾客需求的移动商务应用分类模型。传统的移动商务分类模型大多基于厂商角度按照技术或业务的划分提出,对于市场研究和推广战略的制定很难起到指导作用,而利用本书提出的面向顾客需求的移动商务应用分类模型,有助于从业者准确把握消费者的需求偏好,选择推出最易于被消费者接受的应用模式和应用类别,从而提高市场竞争能力。

(3)以结构方程模型原理为支撑,以移动商务应用分类模型为基础,构造了以移动商务竞争力为外源潜变量,以应用类别为内源潜变量的一阶因子验证模型,并采用递归迭代方法对该模型进行了详尽的验证性因子分析;并进一步给出了一个具有良好拟合优度和统计检验的移动商务竞争力二阶因子模型,结合通径系数与因子负荷系数,面向顾客需求角度分析了各种移动商务应用模式对移动商务整体竞争力影响的深度和强度,从顾客需求角度出发得出了4G市场环境下移动商务市场的一般规律和有竞争力的移动商务发展战略。

(4)对现有的多层次综合模糊评价方法主观性太强的缺陷做出了较大的改进,提出了一个面向顾客需求的移动商务竞争力综合模糊评价体系。在改进的综合模糊评价方法中,引入了一种新的客观确定评价指标体系和因素权重的方法,采用探索性因子分析方法通过实际分析调研数据的内部结构形成指标体系,通过验证性因子分析各影响因子的影响程度确定权重;重点研究了三角模糊数(TFN)在模糊综合评价中的应用,从而提高了人为判断的可靠性以及评价结果的合理性,使综合评价结果更接近客观情况;将上述改进后的综合模糊评价系统应用于移动商务战略决策中,有利于从业者综合考虑各种因素,选择最具市场竞争力的战略方案。

(5)为了在复杂多变的商业环境中快速地作出战略决策,本书进一步对基于AHP的多层次综合模糊评价计算机辅助决策系统进行了研究,在Microsoft Visual Studio .Net 2010环境下开发了一套综合模糊评价软件的原型系统。该系统支持专家通过网络对某一评价项目的各个方案做出快速地模糊评价,具有一定的通用性,可动态输入评价体系和选择评价方法,不但可以对本书所研究的面向顾客需求的移动商务竞争力战略决策进行快速评价和选择,还可以用于一般问题的综合模糊评价。在实践中,将上述原型系统应用于中国移动通信集团河南省分公司市场战略决策的实际应用中,取得了良好的效果,从而验证了本书提出的理论方法。

本书通过对上述问题的系统研究,提出了一系列在4G市场环境下提高移动商务从业者市场竞争力的理论和方法,对于降低市场风险,推进我国4G市场的发展做出了有益的探索。

关键词:移动商务;4G;网络外部性;探索性因子分析;结构方程;验证性因子分析;三角模糊数;模糊层次分析法;综合模糊评价系统

目 录

第一章 绪论 1
1.1 4G 通信技术简介 2
1.2 4G 市场发展概况 11
1.3 问题的提出 13
1.4 主要内容和技术路线 15
1.5 结构安排 17
1.6 本书的贡献 18
1.7 小结 20

第二章 移动商务竞争力研究框架的提出 21
2.1 移动商务概念的界定 21
2.2 移动商务市场模型 23
2.3 中国移动通信网络演进的进程 26
2.4 移动商务产业链 27
2.5 移动商务的国内外研究进展 32
2.6 国内外企业竞争力理论和学派发展综述 38
2.7 移动商务竞争力研究框架的提出 43
2.8 小结 45

第三章 面向顾客需求的移动商务应用研究 46
3.1 移动商务应用传统分类模型研究 46
3.2 探索性因子分析方法（EFA） 56
3.3 调查问卷的形成与修正 61
3.4 抽样方法与调查对象的选择 63
3.5 信度和效度分析 71
3.6 因子提取 76
3.7 面向顾客需求的移动商务应用模型 80
3.8 小结 85

第四章 基于结构方程的移动商务竞争力模型 86
4.1 结构方程模型概述 86

- 4.2 验证性因子分析方法(CFA) ... 92
- 4.3 移动商务分类模型的验证性因子分析 ... 92
- 4.4 模型修正 ... 100
- 4.5 移动商务竞争力二阶因子模型 ... 100
- 4.6 结论与讨论 ... 102
- 4.7 小结 ... 106

第五章 面向顾客需求的移动商务竞争力评价体系 ... 107
- 5.1 评价方法概述 ... 107
- 5.2 基于AHP的综合模糊评价方法及其缺陷 ... 109
- 5.3 改进的基于AHP的多层次综合模糊评价方法 ... 113
- 5.4 模糊综合评价——一个基于改进方法的实例 ... 121
- 5.5 小结 ... 126

第六章 基于AHP的综合模糊评价原型系统研究 ... 128
- 6.1 原型系统开发背景 ... 128
- 6.2 原型系统的设计 ... 129
- 6.3 案例应用——以中国移动通信集团河南有限公司为例 ... 137
- 6.4 小结 ... 143

第七章 总结与展望 ... 144
- 7.1 研究工作总结 ... 144
- 7.2 未来的研究方向 ... 145

- 附录1 面向顾客需求的移动商务应用调查 ... 147
- 附录2 总方差解释表 ... 150
- 附录3 结构方程模型 LISREL 程序 ... 153
- 附录4 一阶验证模型参数估计矩阵 ... 157
- 附录5 论文中的图、表、缩略语目录 ... 160

参考文献 ... 166

第一章 绪 论

近年来,以 Internet 和 World Wide Web 为开发平台的各种技术取得了突飞猛进的发展。由于在 Internet 上进行信息传递和交换具有方便、快捷、廉价的优点,并且具有可以与企业现有信息系统相集成应用的能力,因此在商业贸易中使用电子商务已经成为企业竞争战略的首选[①]。也正是得益于网络、分布式计算、人工智能和数据库等技术的完善,再加上各项法律法规的健全,使得基于 Internet 的电子商务的蓬勃兴起和迅速推广成为可能。

电子商务的内涵十分丰富,广义的电子商务涵盖了在交易、管理和信息交换中一切使用了信息和通信技术的活动(Electronic Commerce Association),包括安全保障、法律规范、支付手段、广告宣传、在线查询、认证仲裁和交易管理等诸多因素,为买卖双方提供一个切实、安全、便利、完善的交易环境。电子商务的普及应用为降低交易费用、提高商业价值提供了一种强有力的手段,极大地促进了商业贸易的繁荣。

随着网络技术的进步和竞争环境的加剧,基于无线的网络设备和移动应用正在不断增加,更为先进的第四代移动通信技术正在使电子商务活动越来越多的由有线网络转移到无线网络。厂商、电信运营商,甚至是个人都越来越关注无线商务活动。广告业界先锋 Doubleclick 正在将移动通信作为广告渠道进行测试;音乐界厂商也认识到在移动国际互联网设备上宣传和推广音乐的潜力[②]。几乎所有的有线互联企业都在进入移动商务,只有进入了这个领域,才能将无线终端以及有线终端的网民转变为消费群体,从而为企业的生产带来更多实质的利益。

据 Datamonitor 的一项研究显示[③],2008 年全球移动商务用户数量将达到 16.7 亿,年收入将达到 5540 亿美元。市场研究公司 JuniperResearch 也预测称,到 2009 年,全球移动商务的收入将达到 880 亿美元。同时,有调查显示:到 2009 年中国移动商务应用市场规模将达到 300.5 亿元人民币,年复合增长率将达到

---

① 黄伟,王润孝等.移动商务研究综述[J].计算机应用研究,2006.10.
② 菲利普·科特勒.市场营销原理[M].北京:机械工业出版社,2005.
③ Datamonitor, Global mContent Markets: Paving the Way for Mobile Commerce, Datamonitor, New York, 2005.

30.9%。目前,西方发达国家正在进行新一轮的产业升级换代,他们不约而同地将信息产业、服务产业与文化产业的融合作为突破口。移动商务领域正在成为全球各国理论界和业界新的研究和投资热点。

随着知识经济时代的来临,信息对经济发展的作用越来越大,它不但本身为社会创造着巨大的财富,还通过对传统产业的改造和升级,创造着新的财富。经济全球化、贸易自由化、社会信息化已成为不可抗拒的趋势。而在这场信息革命的大潮中,移动商务正在成为最具前沿性、最具创新性和最具应用前景的崭新领域。因此,大力发展移动商务可以加强信息的双向流动和共享,加快产业结构调整和升级,催生新兴产业,带动信息服务业,塑造现代农业,推动城镇化建设,提高各产业部门的科技利用率,促进社会和经济的全面和谐发展。

此外,移动商务也为人们的生活带来了巨大的便利和更大的自由。由于移动商务突破了时空限制,因此人们可以随时随地地进行自由交易和选择,寻找商品信息并进行商务活动。因此,移动商务能提供高质量的个性化服务和更高的顾客满意度水平,提高人民的生活品质。

毫无疑问,移动通信技术和其他技术的完美组合创造了移动电子商务,移动性与因特网的融合给人们的工作和生活带来了更高的效率和更多的选择。因此,我们可以说一个以整合通信、网络技术为基础的"移动互联新生态"正在世界范围内迅速发展,并酝酿着新一轮的商务革新。

1.1　4G 通信技术简介

1.1.1　4G 通信技术

4G 是英文 4rd Generation 的缩写,指第四代移动通信技术。相对第一代模拟制式(1G)、第二代 GSM、CDMA 等数字制式(2G)、第三代 WCDMA、CDMA2000、TD—SCDMA 等将无线通信与多媒体通信结合的新一代制式(3G),第四代移动通信技术是集 3G 与 WLAN 于一体,并能够快速传输高质量图像、音频、视频等信息的移动通信系统。与前三代系统相比,4G 技术的主要特征是能够以 100 Mbps 以上的超高传输速度传输数据,并几乎能够满足所有用户对于无线服务的要求。

与前一代移动通信技术相比,4G 的主要特点主要表现在以下几方面:

①超高的无线数据传输速度:4G 支持 100 Mbps～150 Mbps 的下行网络带宽,也就是说 4G 用户可以体验到最大 12.5MB/s～18.75 MB/s 的下载速度。这

是 3G 技术 TD-SCDMA(2.8 Mbps)的 35 倍，WCDMA(7.2 Mbps)的 14 倍。

②高质量多媒体移动通信：尽管 3G 也能实现各种多媒体通信，但 4G 覆盖范围更广，同时能够提供远比 3G 更为优质的通话质量，支持高分辨率电影和电视服务，当然也可以和陌生人网上联线对打大型网络游戏。4G 通信不仅使我们可以随时随地通信，更可以确保高质量的双向下载图画、音频、影像等资料。

③费用低廉：技术的先进性确保了成本投资的大大减少，未来的 4G 通信费用也要比 2009 年通信费用低。

④终端设备更加灵活：目前 4G 最常应用于手机、平板电脑、笔记本等移动通信设备。实际上，4G 终端在外观和式样上将有更惊人的突破。以方便生活和个性化为前提，我们可以预想的是，眼镜、手表、化妆盒、旅游鞋等等，任何一件你能看到的物品都有可能成为 4G 终端。

⑤智能性能更高：4G 终端设备的设计和操作更加智能化，例如对菜单和滚动操作的依赖程度将大大降低。另外，4G 手机可以实现许多难以想象的智能化功能。例如 4G 手机将能根据环境（温度、湿度等）、时间以及其他设定因素来适时提醒手机用户此时该做的事，或者不该做的事；4G 手机能够与电影院票房的详细资料（例如：目前的售票情况、座位情况等）直接互联，甚至可以直接下载，用户可以根据这些信息，进行在线购买；4G 手机可以被看作是一台手提电视，用来观看体育比赛之类的各种现场直播。

⑥实现真正的无缝漫游：4G 有望集成不同模式的无线通信，从无线局域网、蓝牙、蜂窝信号、广播电视到卫星通信，移动用户可以自由地从一个标准漫游到另一个标准。

⑦网络频谱宽：由于 4G 通信需要达到 100 Mbps 的传输速度，通信营运商必须在已有通信网络的基础上，进行大幅度的改造和研究。例如，一些通信公司引入了交换层级技术，搭建了以路由技术（Routing）为主的网络架构，这种技术能同时涵盖不同类型的通信接口，进一步提高了无线网络的主干带宽宽度，以便能使 4G 网络在比 3G 网络蜂窝系统的带宽高出许多。研究 4G 通信的 AT&T 的执行官说，预计每个 4G 信道将占有 100 MHz 的频谱，相当于 3G 技术 WCDMA 的 20 倍。

⑧频率效率高：4G 技术在开发、研制过程中引入了许多功能强大的突破性技术，由于综合利用了几项不同的技术，4G 无线频率的使用比第二代和第三代系统有效得多。按照最乐观的情况估计，这种有效性能够利用与以前相同的无线频谱，让更多人同时做更多的事情，而且做这些事情的速度相当快。研究人员说，下载

速率有可能达到 5 Mbps 到 10 Mbps。

⑨兼容性好:4G 并没有脱离以前的通信技术,而是以传统通信技术为基础,并加入了一些新的通信技术,来不断提高无线通信的网络效率及功能。另外,系统初始配置能充分利用 3G 设备,随后可平滑升级。

随着近年来移动商务的蓬勃发展,人们迫切期望在移动条件下,能够方便地实现互联网的宽带接入和高速的数据传输,而 4G 通信技术的超高速无线数据传输能力,正好满足了人们的这种要求。因此,4G 通信技术的出现必然会促进移动商务的蓬勃发展,而移动商务的发展也必然会促进 4G 通信市场的进一步繁荣,二者相辅相成,互相促进。

1.1.2 4G 标准的发展状况

2012 年 1 月 18 日,国际电信联盟在无线电通信全体会议上,正式审议通过将 LTE－Advanced(包括 TD－LTE－Advanced 和 FDD－LTE－Advanced)和 WirelessMAN－Advanced(802.16m)技术规范确立为 IMT－Advanced(俗称"4G")国际标准。按照 ITU 的定义,4G 技术标准的核心是数据的静态传输速率达到 1 Gbps,高速移动状态下可以达到 100 Mbps。

由于现阶段几乎没有运营商可以做到这个极限峰值的传输速度,国际通信联盟放松了对 4G 的定义,目前 ITU 已经将 LTE、WiMAX、HSPA＋正式纳入到 4G 标准里,做为现阶段 4G 的范畴。必须注意的是,这三种技术标准其实并不符合国际电信联盟对下一代无线通讯(IMT－Advanced)的标准定义,只能作为现阶段的标准来使用。总的来说,加上之前就已经确定的 LTE－Advanced 和 WirelessMAN－Advanced 这两种标准,目前 4G 标准已经达到了 5 种。

1. HSPA＋技术标准

HSPA(High－Speed Packet Access),即高速分组接入技术,它是由 HSDPA(高速下行链路分组接入技术)和 HSUPA(高速上行链路分组接入技术)两种技术结合而成的。HSDPA 最高可实现 14.4 Mbit/s 的下行速率;而 HSUPA 最高可实现 5.76 Mbit/s 的上行速率。

HSPA＋(High－Speed Packet Access＋),即增强型高速分组接入技术,它是 HSPA 的衍生版,基本都支持 5.76 Mbps 的最高上行速度和 21 Mbps 或者 28 Mbps的最高下行速度。HSPA＋比 HSPA 的技术更先进,数据传输速度更快,同时网络也更稳定,是一种能够在 HSPA 网络上进行改造而升级的一种经济而高效的 4G 网络。

从技术理论来看HSPA+定义于3GPP release 7,符合LTE的长期演化规范。因此,目前将作为4G网络标准与其它的4G网络同时存在。它将有利于目前全世界范围的WCDMA网络和HSPA网络的升级与过度,成本优势很明显,同时它能够适应高速网络下的数据处理,将是短期内4G标准的理想选择。

2. LTE技术标准

LTE(Long Term Evolution),即长期演进技术,它是由3GPP组织制定的通用移动通信系统技术标准的演进。LTE最早是在2004年由日本的NTT DoCoMo提出,在2005年开始正式进行广泛讨论,于2008年12月定案。

LTE的优势主要表现在三方面:第一,LTE改进并增强了3G技术的空中接入技术,采用OFDM(Orthogonal Frequency Division Multiplexing,正交频分复用)技术和MIMO(Multi-Input & Multi-Output,多输入多输出)技术等关键技术作为其无线网络演进的唯一标准,显著增加了频谱效率和数据传输速率。第二,LTE支持1.4 MHz、3 MHz、5 MHz、10 MHz、15 MHz和20 MHz等多种带宽,因而频谱分配更加灵活,系统容量也显著提升。第三,LTE系统的网络架构更加扁平化、简单化,减少了网络节点的数量和系统复杂度,从而减小了系统时延,也就降低了网络部署和维护成本。LTE的主要特点是在20 MHz频谱带宽下能够提供下行100 Mbit/s与上行50 Mbit/s的峰值速率。这一标准是3GPP的长期演进项目,用以实现3G技术向4G的平滑过渡。

LTE按照双工方式可分为FDD(Frequency Division Duplexing,频分双工)和TDD(Time Division Duplexing,时分双工)两种,二者的主要区别在于空中接口的物理层上(例如像帧结构、时分设计、同步等)。FDD-LTE系统采用一对对称的频段来分别接收和发送数据,而TDD-LTE系统则使用相同的频段在不同的时隙上接收和发送数据。因此,TDD有着更高的频谱利用率,比较节省资源,适合热点区域覆盖;FDD则在速率上更胜一筹,适合广域覆盖。

严格上说,LTE其实并未符合国际电信联盟对下一代无线通讯的标准(IMT-Advanced),并非人们普遍理解的4G技术,而是3G与4G技术之间的一个过渡,是3.9G的全球标准,LTE的升级版LTE Advanced才满足国际电信联盟对4G的要求。随着国际通信联盟放松了4G的定义,LTE正式加入了4G标准的行列当中。由于目前WCDMA网络的升级版HSPA+能够演化到LTE这一状态,而中国自主的TD-SCDMA网络也可能绕过HSPA直接向LTE演进,所以这一4G标准获得了最大的支持,也很可能成为未来4G标准的主流。

2007年3月,LTE/SAE系统架构演进测试联盟(the LTE/SAE Trial Initiative,LSTI)成立,作为全球供应商和运营商合作的产物,LSTI致力于检验并促进LTE这一新标准在全球范围的快速普及。

  2006年7月,NTT DoCoMo和NEC、富士通等设备伙伴开始研发LTE。2009年12月14日,世界第一张商用LTE网络由TeliaSonera电信在挪威奥斯陆和瑞典斯德哥尔摩提供服务。2011年,北美运营商也开始了LTE商用。在2011年2月10日,MetroPCS推出全球首款商用LTE手机——三星Galaxy Indulge手机。目前LTE已经得到了全球众多主流运营商的支持。英国沃达丰、日本NTT DoCoMo、美国AT&T和Verizon Wireless等世界主要电信运营商已经采用LTE技术,中国移动作为全球最大的移动通信运营商也加入LTE技术营运行列,将大力推动LTE技术的发展。在全球众多移动运营商、设备制造商的普遍支持下,LTE展现了美好的未来。

  市场调研公司Juniper Research在2010年9月发布报告称,到2015年,下一代高速无线服务长期演进技术(LTE)的用户数量将达到3亿人,远超过今年的50万人。

3. LTE－Advanced技术标准

  LTE－Advanced的正式名称为Further Advancements for E－UTRA,是LTE的演进。它满足ITU－R的IMT－Advanced技术征集的需求,是3GPP形成欧洲IMT－Advanced技术提案的一个重要来源。

  相对于LTE而言,LTE－Advanced采用了多种关键新技术,如下:

  ①多频段层叠的无线接入系统:高频段优化的系统用于小范围热点、室内和家庭基站等场景,低频段的系统为高频段系统提供"底衬",填补高频段系统的覆盖空洞和高速移动用户。

  ②频谱整合(Spectrum Aggregation):将相邻的数个较小的频带整合为1个较大的频带。

  ③载波聚合(Carrier Aggregation):可以在一个频段内以及跨频段将多个无线电信道结合在一起,从而提高用户的数据传输速率,减少延迟;运营商也可以更有效地利用自己拥有的不同载波,根据上下行需求,灵活部署,协调控制。

  ④上/下行多天线增强(Enhanced UL/DL MIMO):LTE－Advanced将在下行引入8*8甚至更高阶的MIMO,在上行引入4*4甚至更高阶的MIMO,用于实现更高的峰值速率。

  ⑤协同多点传输(Coordinated Multi Point Tx&Rx):主要使用协调波束成型——通过扩展的eNB间接口来协调相邻基站的天线波束,从而实现波束对准本

小区用户，同时避开使用相同资源的邻小区用户，合作干扰抑制——将资源进行分割，通过不使用特定资源或减小使用功率的方式来减小甚至避免干扰，联合处理——分布式基站和天线协同和联合，来为一个或多个用户实现分布式 MIMO 的发送与接收这三种技术，增强服务。尤其是针对小区边缘，能够显著提高小区边缘的通信质量。

⑥中继(Relay)：相对于传统直放站，它能够增强信号而避免放大噪声和干扰，从而增强覆盖能力，并增加容量。

⑦异构网络(Heterogeneous Network)：LTE－Advanced 将综合使用家庭基站、微微蜂窝、微蜂窝、宏蜂窝等多种网络提供服务，同时能够节省网络部署及运营成本。

这些新技术的使用，能大大提高无线通信系统的峰值数据传输速率、峰值频谱效率、小区平均谱效率以及小区边界用户性能，同时也能提高整个网络的组网效率，这使得 LTE－Advanced 系统成为未来几年内无线通信发展的主流。

LTE－Advanced 也包含 TDD 和 FDD 两种制式，分别称为 TD－LTE－Advanced 和 FDD－LTE－Advanced，用于成对频谱和非成对频谱。这两个模式间只存在较小的差异，相似度达 90%。其中，TD－LTE－Advanced(LTE－Advanced TDD 制式)由我国主导，由上海贝尔、诺基亚西门子通信、大唐电信、华为技术、中兴通讯、中国移动、高通、ST－Ericsson 等业者共同开发，2010 年 10 月，TD－LTE－Advanced 被确定为 4G 国际标准之一；FDD－LTE－Advanced(LTE－Advanced FDD 制式）则由欧美主导。

2013 年 6 月 26 日，在首尔举行的一个活动上，韩国电信运营商 SK 推出全球第一个消费级 LTE－Advanced 网络；在芯片方面，高通 Gobi 第三代 LTE 调制解调器 MDM9x25 是首批支持 LTE－Advanced 和 LTE 载波聚合的芯片。目前只有 MDM9225 和 MDM9625 芯片组能够支持载波聚合技术，骁龙 800 系列处理器集成了这款调制解调器。除了高通，英特尔也有计划推出 LTE－A 芯片；在终端方面，全球首款 LTE－Advanced 智能手机是由三星推出的 Galaxy S4 LTE－A，采用骁龙 800 系列处理器，于 2013 年 6 月发布。同年 9 月，日本软银移动推出了 Pocket WiFi SoftBank 203Z 和 eAccess 的 Pocket WiFi GL09P 移动路由器，集成高通 Gobi MDM9x25 调制解调器，下行传输速率可达 110 Mbps，通过支持 LTE Advanced 载波聚合的实现，成为目前市场上速度最快的商用产品。目前，LTE－Advanced 已获得了欧洲标准化组织 3GPP 和亚太地区通信企业的广泛认可和支持。

4. WiMax 技术标准

WiMax(Worldwide Interoperability for Microwave Access)，即全球微波互联接入，又称为 IEEE802.16e，于 2001 年 6 月由 WiMax Forum 提出，于 2005 年 12 月订定。WiMAX 实际上是一种城域网(MAN)技术，以 IEEE 802.16 的系列宽频无线标准为基础，有四个发展阶段：固定接入业务阶段、游牧式业务阶段、便携式业务阶段和全移动业务阶段。

WiMax 技术具有五大主要优势。第一，覆盖区域广，能实现 50 公里的无线信号传输距离，其网络覆盖面积是 3G 发射塔的 10 倍，因此使用此网络时，只需建设少数基站就能实现全城覆盖，这就大大扩展了无线网络应用的范围。第二，WiMax 所能提供的最高接入速度是 70M，这个速度是 3G 所能提供的宽带速度的 30 倍，对无线网络来说，这的确是一个惊人的进步。第三，WiMAX 可以使用需要执照的无线频段，也可以使用公用的无线频段进行网络运作。因此，WiMAX 所使用的频谱可能比其它任何无线技术都更丰富。第四，WiMAX 可提供最后一公里无线宽带接入，作为除电缆和 DSL 之外的选择。第五，升级维护方便。WiMAX 灵活的信道带宽规划使其能够适应多种频率分配情况，达到容量最大化，易于新增扇区，允许运营商根据用户的发展随时扩容网络。

然而，WiMax 技术也具有三大主要劣势。第一，WiMAX 只有在授权频段运作时，才可以用更多频宽、更多时段与更强的功率进行发送，也才能具有更高的稳定性和更广的覆盖范围。反之，如果 WiMAX 与 WiFi 一样，都使用未授权的工作频段，它就没有传输优势了。第二，WiMax 在移动性上有着先天的缺陷，无法支持用户在移动过程中网络的无缝切换。用户如果高速移动，WiMAX 网络则需重新连接。这就不如 3G，只能算是无线局域网。第三，为了获得较高的数据接入速度，WiMAX 必然要牺牲覆盖面积和移动性，因此在相当长的时间内，它将主要解决热点覆盖问题。

WiMAX 逐步实现宽带业务的移动化，而 3G 则实现移动业务的宽带化，两种网络的融合程度会越来越高，这也是未来移动世界和固定网络的融合趋势。

应用方面，在 WiMAX 产业的上游，英特尔公司曾是 WiMAX 技术的鼎力支持者。2006 年 7 月，英特尔曾与摩托罗拉向 Clearwire 联合注资 9 亿美元，以推动 WiMAX 无线宽带技术的普及。同年 10 月，英特尔发布支持移动网络的第一代 WiMAX 芯片—LSIWiMAXConnection2250，并宣布立即进入批量生产阶段。在运营商方面，韩国电信运营商 KT 和 SK 电讯建成的 Wibro 网，成为全球首个实现商用的移动 WiMAX 网络。2008 年 11 月 12 日，HTC 与俄罗斯移动通信电业者

Scartel(品牌名为 Yota)共同发表全球第一支 GSM/WiMAX 整合式双模手机 HTC Max 4G。

Intel 作为全球最大的芯片供应商,其产品对各种协议的支持一直是某项技术能否最终取得市场成功的重要因素之一。2010 年,英特尔宣布裁撤负责推动全球 WiMAX 发展的专责单位。随着英特尔于 2010 年退出,WiMAX 技术也逐渐被运营商放弃,大部分运营商开始将设备升级为 LTE。

5. WirelessMAN－Advanced 技术标准

WirelessMAN－Advanced 事实上就是 WiMax 的升级版,又称为 IEEE 802.16m 标准,由美国 Intel 所主导,接收下行与上行最高速率可达到 300 Mbps,在静止定点接收可高达 1 Gbps,也是国际电信联盟承认的 4G 标准。其优势主要表现在 5 方面:第一,改建链路预算,提高网络覆盖。第二,提高频谱效率。第三,提高数据和 VOIP 容量。第四,低时延以及 QoS 增强。第五,节省功耗。

目前的 WirelessMAN－Advanced 有 5 种网络数据规格,其中极低速率为 16 kbps,低速率数据及低速多媒体为 144 kbps,中速多媒体为 2 Mbps,高速多媒体为 30 Mbps,超高速多媒体则达到了 30 Mbps～1 Gbps。

表 1-1 对五种主要的 4G 无线传输技术标准进行了比较。

表 1-1 主要的 4G 技术标准比较

	HSPA+	LTE	LTE－Advanced	WiMax	WirelessMAN－Advanced
提出国家	欧洲、日本	日本	日本、中国	美国	美国
继承基础	WCDMA	HSPA+ TD－SCDMA	LTE	IEEE802.16	WiMax
信道带宽	5 MHz	1.4/3/5/ 10/15/20 MHz	20－100 MHz	宽频 1.5－5 MHz	宽频 1.25 －20 MHz
下行速度	86 Mbps	100 Mbps	1 GMbps	128 Mbps	300 Mbps
上行速度	23 Mbps	50 Mbps	500 Mbps	56 Mbps	300 Mbps
多址方式	CDMA	OFDMA SC－FDMA	OFDMA SC－FDMA	OFDMA	OFDMA

资料来源:国际电信联盟 International Telecommunication Union

由于 WiMAX 在 4G 标准的争夺上已经落败,WiMAX 论坛于 2012 年将 TD

—LTE 纳入 WiMAX 2.1 规范，许多 WiMAX 运营商也开始将设备升级为 LTE，而 HSPA+技术标准只是短期内 4G 标准的理想选择。可以说，LTE 技术无疑在 4G 时代中占据主流，全球 LTE 发展将进入快车道。另外，LTE 的演进型技术 LTE-Advanced 的研发也正在有序推进，其中载波聚合技术有望在 2014 年实现规模商用。

目前已投入商用的主流的 4G 技术标准主要是 FDD-LTE 标准和 TD-LTE 标准，两者各有优劣。

由于无线技术的差异、使用频段的不同以及各个厂家的利益等因素，FDD-LTE 支持阵营更加强大，其标准化与产业发展都领先于 TDD-LTE，已成为当前世界上采用最广泛的，终端种类最丰富的一种 4G 标准。在国际通信业，FDD-LTE 网络早已成为主流。中国工程院院士刘韵洁在介绍全球 4G 发展现状时曾说过，截止 2013 年 12 月份，全球 4G 网络中 FDD 4G 占 95%，TD 4G 占 5%；终端开发领域情况也如此，据 GSA 统计显示，截至 2013 年 4 月，全球共发布 821 款支持 LTE 的用户终端设备，其中，166 款为 TD-LTE 终端，655 款 LTE FDD 终端。由此可见，4G 产业链上的芯片商和终端制造商仍然将重心放在了 FDD LTE 标准。

另一方面，由于频谱资源的有限性，它在未来只会越来越稀缺，而 TD 以其较高的频谱利用率，受到越来越多运营商的支持。国际 4G 标准 TD 联盟秘书长杨骅透露，截至 2010 年 8 月，TD 终端设备已经有 461 款，而众多国际品牌也陆续开始上市 TD 终端。包括三星、LG、摩托罗拉、诺基亚、索尼爱立信等国际前几大厂商均上市了 TD 终端；在操作系统方面，多种智能操作系统都开始支持 TD；作为 TD-SCDMA 的演进技术，TD-LTE 也是走向 4G 的一条非常顺畅的通道。

FDD-LTE 标准和 TD-LTE 标准各有优劣，至于谁能在中国 4G 网络建设中占据主导地位，关键是看哪种标准更符合市场的需求和竞争的需要。

第一，为了保护现有网络投资，降低初期投入成本，充分利用已建成的 3G 网络，保护用户业务的连续性，这就要求新建 4G 网络必须与 3G 网络有很好的后向兼容性，在这方面，首选 FDD-LTE 标准。

第二，目前中国移动通信领域的主要用户和业务大部分集中在中心城市和部分人口密集的地区，而且东西部差距较大，这就要求选择标准应当是频谱利用率较高的技术制式。为了解决当前频谱资源日益短缺的问题和业务地理分布的不均衡性，TD-LTE 标准的技术优势更为明显。

第三，对于运营商而言，4G 建设初期的主要任务是以低廉成本迅速完成大规模覆盖，实现基本漫游，待用户群稳定后，再进一步考虑网络容量的增加。FDD－LTE在大规模覆盖上先天存在技术优势，将是初期的首选。

第四，与其它技术标准相比，FDD－LTE在全球范围内已经拥有多家供货商，考虑竞争带来的价格因素，则FDD－LTE对于运营商降低建设投资的优势会十分突出。

第五，出于培养自主创新能力，拥有自主知识产权，发展民族通信产业的考虑，发展TD－LTE有利于国内4G产业链的形成，从而带动起中国通信制造业的快速发展。

综上分析，中国对4G技术标准的选择，将以TD－LTE和FDD－LTE标准结合为宜，利用FDD－LTE在大规模覆盖、远距离通信等领域的优势组建全国和国际网络、快速实现无缝覆盖，而在人口密集和手机上网需求密集的地区采用TD－LTE标准进行建网。

1.2 4G市场发展概况

1.2.1 全球4G市场的现状

从发展速度和渗透率来看，4G的进展远超3G，目前全球超过1/4的3G运营商已部署4G网络，2013年底全球有257张4G网络实现商用，网络覆盖率与3G相当，全球4G用户超过一亿。其中，美国、韩国和日本是较早使用4G网络的国家，用户总量约占全球总量的87%；在欧洲方面，英国、法国、德国、瑞典、西班牙、意大利、匈牙利等国也已经开始4G商用运营；中国4G商用起步较晚，2013年12月，国家工信部正式向中国电信、中国移动和中国联通发放4G牌照后，中国4G网络商用时代就此开启。

其中，LTE的发展最快。据相关数据统计显示，2013年全球LTE用户数达到2.38亿，较2012年年末的8200万增长了190%，速度相当惊人。2014年，全球LTE发展还将迎来新的浪潮，一方面是美、韩、日等市场继续领跑，另一方面则是中国LTE商用的全面推进，都将给LTE的发展带来源源动力。与此同时，在市场的推进下，LTE技术也正在快速成熟，相关产品不断涌现。

LTE技术的分支FDD－LTE与TD－LTE各有技术、成本、产业规模和政策方面的优势。从现在世界范围来看，FDD－LTE商用较早，产业链相对较成熟，其发展形势要比TD－LTE要好。但是后者拥有了大量的国产自主知识产权，而且技术上也具独有的优势——频谱利用率高和灵活性较佳,在全球的商用网络也在迅速增长。到 2013 年 12 月份为止,有 20 多个国家采用 TD-LTE 的 4G 网络,其中完全的 4G TD-LTE 网络有 13 张,还有 12 个网是混合的;而 FDD-LTE 大概在 92 个国家有 244 张网,也就是说,FDD 4G 占 95%,TD 4G 占 5%,FDD 全力领跑 4G 市场,TD 发展潜力巨大。

随着越来越多的 4G 商用网络投入使用,人们对 4G 业务的认识和接受程度也随之提高。

1.2.2 中国 4G 市场

2013 年 12 月 4 日下午,国家工信部正式向中国电信、中国移动和中国联通发放 4G 牌照,中国 4G 网络商用时代就此开启。与韩国、新加坡、日本、美国以及部分欧洲国家相比,中国 4G 商用起步较晚。2010 年,国内三大运营商才开始部署 LTE 网络。

中国移动目前已面向 4G 推出新的商业品牌,起名为"和"。其实,从 2011 年初开始,中国移动明显加强了上马 4G 的速度,除了宣布上海、广州、深圳等 7 个城市的 TD-LTE 规模试验启动外,中移动董事长王建宙在两会期间递交的提案也是紧紧围绕 TD-LTE 展开。另外,中国移动竞得香港 TDD 频段,率先在香港进行首个 FDD-LTE 与 TD-LTE 融合 4G 网络的商用。这两年,随着中国移动广州 TD-LTE 规模试点的稳步推进,国际化道路形势也是一片大好,终端的发展成为了 TD-LTE 产业链着力发展的重点。2013 年以来,中国移动启动了 20 万个基站的建设和 100 万部终端的采购,体验用户接近 4 万人。2013 年 10 月,中国移动获准在全国 326 个城市开展 TD-LTE 扩大规模试验。中国移动全体动员,从网络建设、4G 智能终端的引入、业务推广、客户服务、广告宣传等各个方面全面推进 4G 网络商用。预计 2014 年年中,中国移动将建成 50 万基站,100 个城市将具备 4G 商用条件。至年底,超过 340 个城市的客户可享受到中国移动的 4G 服务,这将成为全球最大的 LTE 网络。

中国联通于 2013 年 10 月底启动了大规模的 4G 设备集采招标,开始采用 FDD/TDD 混合组网的方式,有计划地进行 4G 网络的建设,并于 3 月 18 日,高调宣布 4G 商用,推出"沃 4G"业务品牌。虽然取得的是 TD 牌照,但是中国联通主要的精力是放在 FDD-LTE 上。据了解,从 2010 年开始,中国联通就要求其 WCDMA 基站必须支持向 FDD-LTE 的平缓演进。目前,中国联通已经全部开通了 HSPA+网络,同时力争在 3G 的基础上将其升级到 FDD-LTE 网络;在宣传上中国联通也是以FDD为主攻方向,策略上在等工信部下发FDD的4G牌照。

中国电信的2G、3G的制式既不能和TDD-LTE兼容,也无法向FDD-LTE平滑过渡升级,其4G的发展处境最为尴尬,但是也代表着更多的可能性。中国电信方面曾表态,希望围绕FDD-LTE和TD-LTE两种制式混合组网。据了解,2013年中电信的首次4G设备招标结果中,建网规模分配比例是:TD-LTE约占30%,FDD-LTE约占70%。中国电信董事长王晓初曾称,将加大LTE(4G)实验网建设,并透露对4G制式的选择将采用综合方案,"在广大人口稀少地区用FDD,在市区人口密集区用TDD方式,以满足用户需求"。2013年5月7日,天翼4G试验网首个示范站点在南京开通。7月18日,中国电信天翼4G服务开通仪式新闻发布会隆重召开。2014年2月3日,电信4G正式在全国开放运行。2014年2月14日,中国电信推出"天翼4G"业务品牌,电信的4G业务在这一天正式开始全国商用,首批将在近百个城市提供4G服务。

4G规模商用,不仅能促进通信设备产业发展,而且会带动网络运营、移动互联网、内容、服务应用、终端设备等相关产业链发展。大唐电信集团副总裁陈山枝曾表示,"就中国而言,预计4G在完整生命周期内将形成万亿元以上的市场规模。"中国的4G网络必将成为全球最大的4G网络,同时,中国电信运营市场将因4G的引入产生新的变局,未来4G通信市场的竞争将会比3G市场更加激烈。

1.3 问题的提出

虽然4G在为未来移动通信产业的发展勾绘了一幅美好的蓝图,但是大规模的推广上依然存在很多问题,4G推广仍需各方的共同努力。

首先,支持4G的多模终端匮乏,短期内仍是4G大规模推广的制约因素。多种4G技术体制并存以及第三代、第二代移动通信不会在短期内退出市场的现实情况,决定了未来的移动终端必将是单模、双模和多模终端共存的局面,在"换机潮"来临之时,市场上配套终端是否丰富成为4G推广的重要基础。

其次,目前推行的4G服务资费水平较高,尚不亲民。从目前推广的4G套餐来看,4G服务价格远高于3G水平,大量顾客望而却步。如何降低4G价格,并促进电信服务质量的进一步提高仍拭目以待。

再次,4G推广仍缺乏杀手级应用。在短期看来,从3G到4G的升级,更像是一次网络提速。4G对移动互联网还没有像当年2G升级3G时带来的颠覆效应,并没有发生明显变化,除了速度更快之外,还没有出现"杀手级应用"吸引用户付费。但现在对移动性的依赖与日俱增现在,也为移动互联网应用商业化探索提供了多种可能。

最后,由于用户总数有限,运营商过度扩张,4G市场竞争更加激烈,更为关键的是各大公司至今仍未探索出4G市场的顾客需求特征和适合4G市场的理想商业模式。因此,从顾客角度深入研究4G市场的消费者行为模式,并指导运营商形成有竞争力的发展战略,成为当前亟待解决的问题。

在市场上,任何一种产品的销售情况和获利能力并不是一成不变的,而是随着时间的推移发生变化,经历诞生、成长、成熟和衰退的过程,类似生物的生命经历,所以称之为产品生命周期。典型的产品生命周期一般可以分成四个阶段:引入期、成长期、成熟期和衰退期,对于移动商务市场而言,也可以运用产品生命周期理论把整个市场的发展分为这四个阶段。在4G市场的形成过程中,引入期和成长期在整个产品的生命周期中是最为关键的一个阶段。在该阶段,由于运营商已经在设备购买、网络建设、人员培训等方面投入了大量的资金,因此急需在移动商务应用导入市场的初始阶段就迅速得到消费者的认可,获得利润来源,并快速进入成熟期。否则,即使企业发展势头良好,也可能会由于资金链的断裂而导致失败。

运营商虽然可以采用多种市场营销手段吸引消费者试用,但在市场发展初期,需求成为制约4G市场发展的第一因素。因此只有深入了解用户对移动商务应用的需求和状况,并提供满足市场需求的应用模式,才能在4G市场环境下迅速获得资金回报和市场认可,从而赢得竞争优势。

基于以上背景,本书在开展"面向顾客需求的中国移动商务竞争力研究"时,着力解决以下若干问题:

(1)移动商务市场与传统电子商务市场有何异同;

(2)移动商务市场的产业链怎样构成,各主体之间的关系如何,谁在其中占主导地位;

(3)在4G市场引入成长阶段,什么样的移动商务应用模式是消费者真正需要的;

(4)这些消费者需要的移动商务应用模式在增强移动商务竞争力,提高运营商盈利能力中的重要程度如何;

(5)运营商在4G市场环境下,应如何制定发展战略将这些满足顾客需求的应用模式提供给消费者。

事实上,对于移动商务而言,不仅仅意味着先进的网络和技术,还需要丰富的业务和推广策略,这也是中国移动通信集团公司和中国联合通信公司虽然早已经开始了 4G 核心网的建设,却迟迟没有推出商用的重要原因。如前文所述,目前对移动通信网络基础设施的技术研究相当成熟,但对影响移动商务发展关键的顾客行为和顾客需求等基础理论却研究甚少。正如信息产业部信息化推进副司长赵小凡在一次新闻发布会上所讲:"现在缺的不是手机,而是思路和行动。拿手机做什么?用户的归宿在哪里?"

目前中国移动商务产业链存在着严重的"木桶现象",即由于对顾客行为缺乏必要的研究,因此难以制定有针对性的营销策略和商业模式,市场潜力开发不足已经成为牵制全局的那块最短的木板。正是基于以上原因,本书在 4G 通信技术在中国商用的前夕,移动商务应用大量推广和普及的关键阶段开展"面向顾客需求的中国移动商务竞争力研究",对于深入研究移动商务市场的规律,了解移动商务产业链的形成和盈利模式,深刻理解消费者的需求并提供相应的服务,无疑具有重大的理论意义和实践意义。

1.4 主要内容和技术路线

本书从提高移动商务竞争力的角度出发,开展面向顾客需求的移动商务应用研究,工作分为四个阶段开展。首先,对移动商务的概念进行了界定,对移动商务市场的基本规律进行了分析研究,对移动商务的研究现状进行了回顾和总结,在此基础上提出了移动商务竞争力的研究框架;其次,在实际调研的基础上,基于顾客需求角度研究探索了 4G 环境下消费者最为需要的移动商务应用模式,并提出移动商务应用分类模型;再次,对上述分类模型进行检验修正,并提出一个移动商务竞争力二阶因子模型,考察消费者认可的各移动商务应用模式对移动商务总体竞争力的影响程度和强度;最后,对传统的基于 AHP 的综合模糊评价法进行改进,用来对根据上述研究成果制定的各种移动商务推广战略方案进行总体评价,从而可以为运营商选择做出最具竞争力的移动商务战略决策;最后,为快速进行战略决策,开发了一个基于 B/S 的综合模糊评价原型系统,并应用到了某运营企业的实践中,对上述理论研究的成果进行了检验。通过上述研究,试图解决在中国 4G 市场的形成和发展时期,应该如何在我国推进移动商务应用的发展,促进运营企业竞争力的形成的问题,从而有效的降低了市场开发风险,促进 4G 市场在我国稳步形成。本书的各个部分紧紧围绕上述研究展开,形成了一个相互联系的有机整体,技术路线如图 1-1 所示。

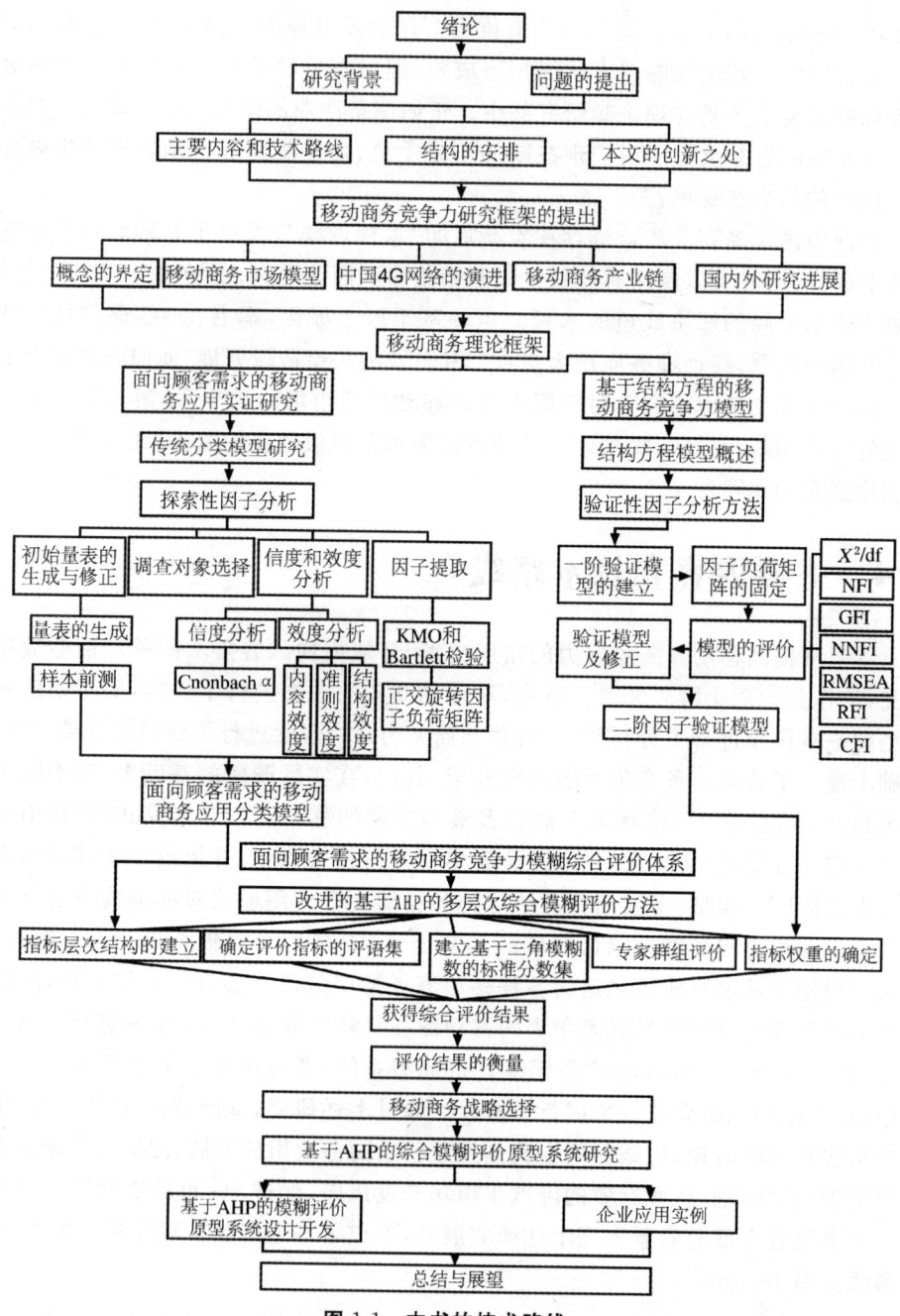

图 1-1 本书的技术路线

1.5 结构安排

为了提出一整套在 4G 市场环境下提高竞争力的理论和方法,本书从顾客需求角度对移动商务的相关问题进行了深入、系统的研究,主要内容的结构安排如下:

第一章 绪论:介绍了本书的研究背景,包括 4G 通信技术、全球 4G 市场以及中国 4G 市场的现状,指出在 4G 环境下移动通信市场竞争环境将更加激烈,因此从业者提高移动商务竞争力就成为亟待解决的问题,从而引入本书的研究内容。

第二章 移动商务竞争力研究框架的提出:界定了移动商务的概念,建立了移动商务市场模型,对移动商务市场的基本规律进行了归纳总结,分析了中国 4G 市场的演进过程,并对移动商务产业链的形成和合作方式进行了深入研究。在本章接下来的内容中,对移动商务国内外的研究进展进行了梳理,归纳提出了移动商务目前集中研究的 5 大领域及其相互关系,指出现有关于移动商务的研究还大多集中在无线技术、安全技术、支付技术、无线协议等技术领域,而对于移动商务的基础理论性研究,如商务战略、商业模型、应用模式和消费者行为等方面则显得十分薄弱。随后,阐述了国内外关于企业竞争力理论的研究和学派发展情况,强调企业竞争力的重要性。基于此,本书将研究重点集中在移动商务竞争力上,并据此提出了本书移动商务竞争力的研究框架。

第三章 面向顾客需求的移动商务应用实证研究:在 UMTS、CATR 和 Pday Research 移动商务分类模型的基础上,采用探索性因子分析方法对移动商务的各种应用模式进行实证研究,通过委托郑州市移动公司客户服务中心随机抽选 486 名用户作为调查对象,获得调研数据,在对问卷初始题项进行信度和效度分析的基础上,采用主成分分析法提取移动商务应用模式的公共因子,对因子载荷矩阵利用方差最大法做正交旋转,得到正交因子载荷矩阵,并归纳得出面向顾客需求的移动商务应用分类模型,从而为移动商务市场战略的制定提供了科学的指导依据。

第四章 基于结构方程的移动商务竞争力模型:根据相关系数矩阵,运用结构方程思想,建立了移动商务分类模型的一阶因子验证模型,通过编程输入观测变量的个数,潜变量的个数,模型的结构和参数的设定,进行验证性因子分析;在对各种拟合指数进行了深入研究的基础上,对验证模型的拟合优度进行了估计评价;通过 SEM 分析工具提供的模型调整与修正的数据对原有一阶因子模型作出调整和修正;最后,在一阶因子模型的基础上,提出了一个二阶的移动商务竞争力模型。通过上述研究,对第三章提出的移动商务应用分类模型以及因子间的相互关系进行了验证,并进一步获得了各种移动商务分类对移动商务竞争力的影响程度和影响强度。该章的研究结论有助于从业者深入理解中国消费者的移动商务应用感知偏好,提供消费者最为渴望的产品和服务,促进中国 4G 市场的平稳导入。

第五章 面向顾客需求的移动商务竞争力评价体系:提出了一种改进的基于 AHP 的多层次综合模糊评价方法。采用主成分分析法对调研数据进行分析用以建立指标层次结构,客观确定各个指标因素的归属关系;引入了一种新的确定评价因素权重的方法,即采用验证性因子分析(CFA)模型中参数估计的各因素的完全标准化得分归一化处理后,作为各评价因素间的权重;重点研究了用三角模糊数(TFN)将精确分数集改进为模糊分数集,从而提高人为判断的可靠性以及评价结果的合理性;采用多位专家对备选方案进行评价,群组评价的结果采用平均三角模糊数表示;运用求三角模糊数期望值的方法求出归集结果的期望值,使最后评价结果去模糊化后变为一个标准分数,便于评价衡量,最后给出了一个面向顾客需求的移动商务竞争战略选择评价的计算实例。

第六章 基于 AHP 的综合模糊评价原型系统研究:在前述理论研究的基础上,利用 Microsoft .NET 技术开发完成了一套通用的基于 B/S 结构的多层次模糊综合评价原型系统,采用 IDEF0 建模方法构造了原型系统的体系结构和功能模块,并使用 UML 建模工具设计出了原型系统数据库结构。该原型系统不但可以用于对本书所研究的移动商务战略决策问题进行评价选择,还可以对其他问题进行评价选择。该原型系统的开发改变了目前还缺乏通用的模糊综合评价计算机辅助决策系统的局面,支持在动态多变的市场竞争环境中快速做出战略决策。本章最后介绍了将该原型系统应用到中国移动通信集团河南有限公司市场战略决策过程中的一个实例。

第七章 总结与展望:总结了本书的研究工作,介绍了所取得的研究成果,并指出了今后进一步的研究方向。

1.6 本书的贡献

本书研究所作出的主要贡献和创新点有:

①移动商务本身是一个非常新兴的涉及多个学科的研究领域,国内的相关研究还比较少,作者通过与传统电子商务市场的对比,提出了一个移动商务市场模型,深入分析了移动商务市场的本质特征,并对移动商务产业链的组成和合作模式

进行了研究;在查阅大量文献的基础上,概括总结出了移动商务的 5 大研究领域及其相互关系,并据此提出了移动商务竞争力的研究框架。

②传统的移动商务分类模型大多基于厂商角度按照技术或业务进行分类,对市场研究和推广战略很难起到指导作用,本书采用探索性因子分析方法,通过实际调研数据,对 4G 市场环境下消费者对移动商务应用的需求状况进行实证研究,使用主成分分析方法通过多次迭代提取公共因子,归纳得出面向顾客需求的移动商务应用分类模型,利用该模型可以深刻理解消费者需要的移动商务应用模式,便于从业者有选择性的推出消费者易于接受地移动商务业务。

③构造了以移动商务竞争力为内生潜变量,以应用模式类别为外生潜变量的移动商务分类模型的一阶验证模型,并采用递归迭代方法对该模型进行了拟合分析和统计检验,并进一步给出了具有良好拟合优度的移动商务竞争力的二阶因子验证模型,结合通径系数与因子负荷系数的具体情况,基于顾客需求角度分析了各应用模式和类别对移动商务整体竞争力的影响强度和程度,从而科学地给出了 4G 市场环境下移动商务战略制定的选择依据。

④针对现有多层次综合模糊评价方法主观性太强的缺陷,提出了一种改进的综合模糊评价方法,该方法采用探索性因子分析方法使用实际调研数据的内部结构形成指标体系,通过验证性因子分析各影响因子的影响程度确定权重;重点研究了三角模糊数(TFN)在综合模糊评价中的应用,从而提高了人为判断的可靠性以及评价结果的合理性,使综合评价结果更接近客观情况;并将上述改进后的综合模糊评价系统应用于移动商务竞争力的战略决策中。

⑤为了在复杂多变的商业环境中快速地做出战略决策,本书进一步对基于 AHP 的多层次综合模糊评价计算机辅助决策系统进行了研究,在 Microsoft Visual Studio .NET 2005 环境下开发了一套综合模糊评价软件的原型系统。该系统支持专家通过网络对某一评价项目的各个方案做出快速的模糊评价,具有一定的通用性,可动态输入评价体系和选择评价方法,不但可以对本书所研究的面向顾客需求的移动商务竞争力战略决策进行快速评价和选择,还可以用于一般问题的综合模糊评价。在实践中,将上述原型系统应用于中国移动通信集团河南省分公司市场战略决策的实际应用中,取得了良好的效果,从而验证了本书提出的理论方法。

本书在对上述问题的研究中,提出了 4G 市场环境下一整套面向顾客需求的移动商务的应用模式、消费者行为、市场模型和推广战略决策的理论和方法,对于提高移动商务竞争力作出了有益的探索,对推进我国 4G 事业的发展具有较高的理论价值和应用价值。

1.7　小结

　　本章在简要介绍了 4G 技术背景、4G 标准的发展状况的基础上，概述了全球 4G 市场的发展状况,详细介绍了本书的选题背景与目的、研究的基本思路、主要的内容和结构安排,并对本书的选题来源进行了说明,最后给出了主要贡献。

第二章　移动商务竞争力研究框架的提出

移动商务(M—Commerce)作为电子商务的一个子集,目前还是一个非常新颖的研究领域,在国内外对移动商务的研究中,技术方面的研究已经比较成熟,而基础理论方面的研究还相对比较薄弱。本章在对移动商务的概念进行界定,对移动商务的市场模型、中国4G网络的演进过程、移动商务市场产业链的构成与合作模式开展研究的基础上,通过对国内外移动商务领域的研究进展进行综述,提出了移动商务竞争力的研究框架,为进一步的工作开展打下了基础。

2.1　移动商务概念的界定

由于移动商务,目前还是一个新兴的热点研究领域,因此有必要在研究之初对移动商务的概念作一界定。目前,移动商务存在多种定义,以下是文献中涉及的一些权威组织和个人对移动商务的定义。

表 2-1　移动商务概念的界定[①]

序号	定义	提出机构或个人
1	移动商务就是通过连接公共和专用网络采用文本和数据方式去使用移动手持终端来实现通讯、通知、交易和娱乐。	Lehman Brothers
2	移动商务指的是通过移动电信网络进行的任何具有金钱价值的交易。	Durlacher
3	使用移动手持设备通过永远在线和高速连接到因特网的方式去通讯和相互作用。	Forrester

[①] Leung, K., Antypas, J., 2001. Improving returns on M—commerce investment. Journal of Business Strategy 22(5), 12—14.

Balasubramanian, S., Peterson, R. A., Jarvenpaa, S. L., 2002. Exploring the implications of M—commercefor markets and marketing. Journal of the Academy of Marketing Science 30(4), 348 - 361.

续表①

序号	定义	提出机构或个人
4	使用无线技术给你的顾客、雇员和合作伙伴提供方便、个性化、以本地为基础的服务。	Mobilocity
5	无线终端设备包括双向寻呼机,使用无线应用协议(WAP)的手机,个人数字助理(PDA),具有无线接入能力的笔记本电脑,以及运用IEEE802.11协议接入的无线网络设备。	Leung and Antypas,2001
6	移动商务(Mobile commerce),通常被缩写为(M—commerce),指的是在无线网络环境中使用多种不同的移动设备,通过无线通信网络来进行的商业交易。	Barnes,2002;Coursaris and Hassanein,2002; Gunsaekaran and Ngai,2003
7	移动商务可以被视为电子商务的一个子集,是指通过移动网络进行的任何货币交易。移动商务广义上被分为两大类:内容递送(content dilivery)和交易。	Balasubramanian et al.,2002;Leung and Antypas,2001
8	移动商务(M—Commerce)作为电子商务的一个子集,它是指通过手机、个人数字助理(PDA)等移动通信设备与因特网有机结合所进行的电子商务活动的总称。	E. W. T. Ngai, A. Gunasekaran,2005

---

① Barnes, S. J., 2002. The mobile commerce value chain: Analysis and future developments. InternationalJournal of Information Management 22, 91—110.

Gunsaekaran, A., Ngai, E., 2003. Special issue on mobile commerce: Strategies, technologies and applications. Decision Support Systems 35, 187—188.

C. Coursaris, K. Hassanein, Understanding m—commerce, Quarterly Journal of Electronic Commerce 3(3)(2002) 247— 271.

Nakamura, H.; Tsuboya, H.; Nakano, M.; Nakajima, A. Applying ATM to mobile infrastructure networks. Communications Magazine, IEEE, Volume 36,Issue 1,Jan. 1998 Page(s): 66 — 73.

Kyeonghoon Kang, Jehoon Yoo, Yoonju Lee. Future integrated mobile network based on IN. Information, Communications and Signal Processing, 1997. ICICS., Proceedings of 1997 International Conference on 9—12 Sept. 1997 Page(s):883 — 887.

Upkar varshney, Ron vetter. Mobile Commerce: Framework, Applications and Networking Support[J]. Mobile Networks and Applications, 2002(7), 185—198.

这些对移动商务定义的共同点在于，都指出移动商务的实质是移动通信解决方案加上因特网的应用，但定义8较为全面的界定了移动商务与电子商务的关系、移动商务实现的手段和移动商务的实质，因此在本书中采用定义8作为移动商务的概念。

相对于传统电子商务而言，移动商务具有以下若干优点。

(1)始终在线(Always On)：由于移动通信网络的设计特点，移动设备具有便携性和始终在线的优点，这就使用户具有了随时利用移动设备接入互联网进行商务活动的能力。

(2)位置敏感性(Location Sensitive)：由于通过GPS可以定位移动设备的位置，从而掌握Internet用户的位置，这就使移动商务比传统有线电子商务具有显著的优势。采用这种技术，服务提供商可以向用户提供基于位置信息的新颖实用的商务信息服务。

(3)便利性(Convenience)：由于移动设备的便携性，电子商务活动不再被局限在特定时间、特定地点，而是可以随时随地的完成，满足了商务活动对灵活性和便利性的要求。

(4)定制性(Customization)：相对于个人计算机而言，移动设备具有更高的渗透性，因此移动服务商可以利用用户的人口统计学信息结合，用户当前的位置信息以及用户的历史购买信息，提供更具针对性和定制性的服务。

(5)可识别性(Indentifiability)：移动设备相对于个人计算机而言，由于已经内置了用户的ID信息(SIM卡)，且通常仅供一人使用，因此在交易安全性方面要远高于传统的有线电子商务，从而非常适合于进行一对一的营销活动。

正是由于上述优势，移动电子商务的发展势头非常迅猛，已经有将电子商务活动由有线领域向无线领域转化的趋势。

2.2 移动商务市场模型

Choi，Stahl and Whinston(1997)[①]认为市场的形成有赖于交易主体通过一定的交易方式对某些对象进行交换的行为。在这个过程中，参与角色是交易的主体，交换产品是交易的对象，交换过程是交易的方式。按照这一划分可以将任何一种市场模式依据产品类型、参与角色和交易过程三个维度进行建模研究。据此，

[①] Choi，Stahl，and Whinston. The E-commerce Economics[M]. 北京：机械工业出版社，1997.

Choi，Stahl 提出了一个电子商务市场模型如图 2-1 所示。在该模型中，产品按其存在形式可分为数字产品和实物产品两个维度，交易过程按是否通过网络技术手段进行可分为物理过程和数字过程两个维度，参与角色按照涉及实体的身份可分为实体参与和虚拟参与两个维度，这样可将整个电子商务市场分为 8 种类型。

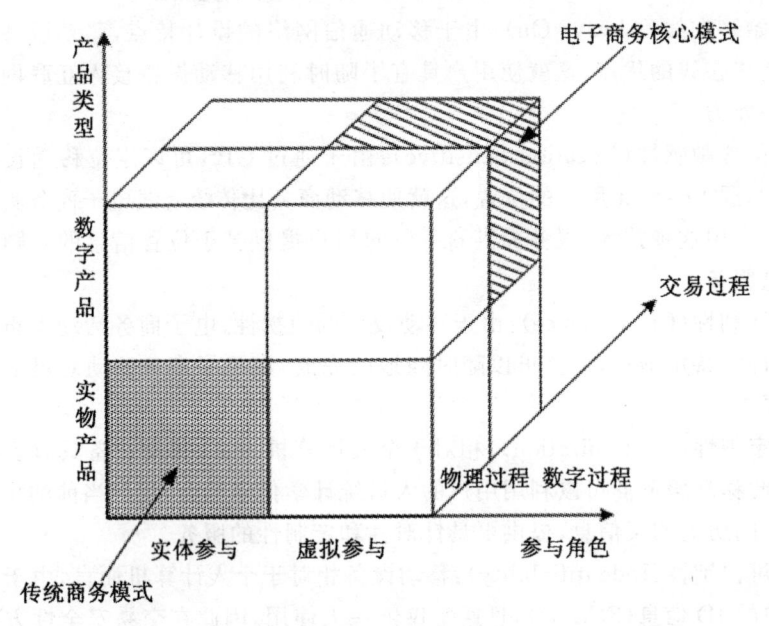

图 2-1 电子商务市场模型

资料来源：Choi，Stahl & Whinston，1997，the economics of electronic commerce

Choi et al. 建立该模型所关心的问题在于传统的商务市场模式和电子商务市场类型各自具有什么特点，应该如何对各种电子商务市场类型进行划分，这些市场类型都具有什么样的特点和联系，以及电子商务市场的核心应用模式是什么，应该具有哪些特征。由上述电子商务市场模型得知，通过实体参与在物理过程中交易实物产品的市场模式是我们传统的商务类型；在市场交易过程中，在产品类型数字化、参与角色虚拟化和交易过程网络化三个维度中，只要符合一个维度的都可以界定为电子商务市场类型，但这种市场类型并不是纯粹的；而参与角色数字化、交易过程数字化和交易对象数字化的市场类型，我们则称之为电子商务市场的核心应用模式。通过该模型，不但解决了市场类型的划分问题，还把传统商务类型与新兴的电子商务类型统一在了一个框架模型下。

受该模型启发，我们发现移动商务有别于传统电子商务模式并具有强大的吸引力的原因,在于移动通信技术和其他技术的完美组合,使移动性与因特网的融合给人们的工作和生活带来更高的效率和更多的选择,超过传统有线电子商务模式的种种限制,使商务活动可以在任何时间、任何地点和在任何产品(anytime, anywhere, anything)上展开,因此一个以整合通信、网络技术为基础的移动商务市场模式正在世界范围内迅速发展。

在此基础上通过研究发现,移动商务之所以有别于传统电子商务并更具价值,主要体现在以下三种特性上:

(1)位置敏感性:移动商务市场模式与传统电子商务市场模式相比最大的区别在于具有很高的位置敏感性,由于移动终端设备可由用户随身携带并移动,因此可在任何地点进行商务活动并通过移动终端设备的位置准确定位用户所在位置并提供相应的服务。

(2)实时性:由于移动终端设备与个人计算机不同,通常轻便易于携带,用户就具备了随时随地进行商务活动的能力。因此,在传统电子商务模式下无法提供的对实时性要求很高的服务就可以通过移动商务模式提供,从而更好地满足了消费者的需求;

(3)可用性:由于位置敏感性和实时性的保证,用户可以获得高度个性化和情境化的服务体验,从而获得更高的可用性。由于移动终端设备不像计算机一样通常由多人公用,而往往由单个交易主体使用,因此可以将个人ID与运营ID一一对应,便于用作身份鉴别、支付手段等,也进一步提高了交易的可用性程度。

参照 Choi et al. 的电子商务市场模型,我们按照位置敏感性、实时性和可用性三个维度对整个电子商务市场进行划分,建立了一个全新的移动商务市场模型。易知,实时性低、位置敏感性低、可用性低的市场区域正是传统的有线电子商务市场类型运作的区域,而移动商务的核心模式则是体现了高的实时性、可用性和位置敏感性的新兴市场区域,而介乎于两者之间的则是由传统有线电子商务模式向移动商务模式过渡阶段的市场类型(如图 2-2 所示)。通过该模型清楚的揭示了传统电子商务与移动商务特点和范围的不同以及两种市场类型之间的关系。

将上述移动商务市场模式的特点通过以下方式互相融合,服务提供商和内容提供商可以为用户提供更多更具创造性和吸引力的新颖服务。

(1)位置敏感性与实时性融合服务 Location—time utility service。
(2)位置敏感性与可用性融合服务 Location—dependent utility service。
(3)实时性和可用性融合 Time—dependent utility service。

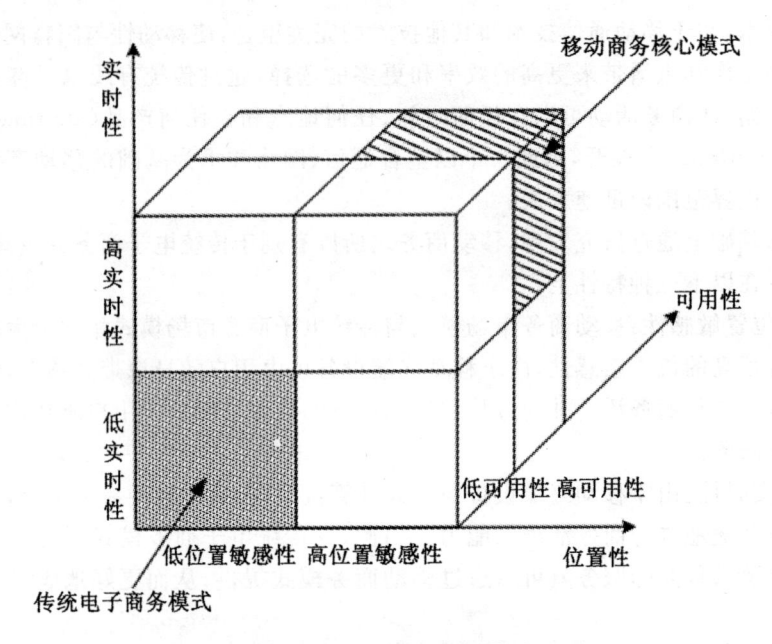

图 2-2　移动商务市场模型

(4)位置敏感性、实时性和可用性三者的融合服务 Location and time－dependent utility service。

实时性和可用性在电子商务市场交易模式中也可以实现,但当实时性、可用性与位置性融合在一起时,移动商务市场模式的优势就显得十分明显。移动商务市场模式的核心价值就体现在它可以将位置性、实时计算能力和通信资源集成在一起,为用户提供更具个性化的需求服务。

2.3　中国移动通信网络演进的进程

目前,在我国移动通信领域存在两大运营商,中国移动通信集团公司(中国移动)和中国联合通信有限公司(中国联通)。4G 的技术标准在中国各有支持者,中国联通倾向于采用 FDD－LTE 标准,中国移动更倾向于采用 TD－LTE 标准,中国电信将采取"多种制式混合组网"。中国运营商在 3G 至 4G 网络的演进上存在多种路径,预计中国移动会采用 TD－SCDMA→TD－HSPA→TD－HSPA＋→TD－LTE 的演进路线;中国联通则可能沿着 WCDMA→HSPA→HSPA＋→FDD－LTE 的演进路线发展;中国电信会采用 CDMA2000→UBM→TD－LTE

或 FDD-LTE 的演进路线。由于目前国内工信部给三大运营商发放的都是 TD-LTE 牌照，三大运营商只能将该网络制式的 4G 用于商用。其技术演进路线如图 2-3 所示。

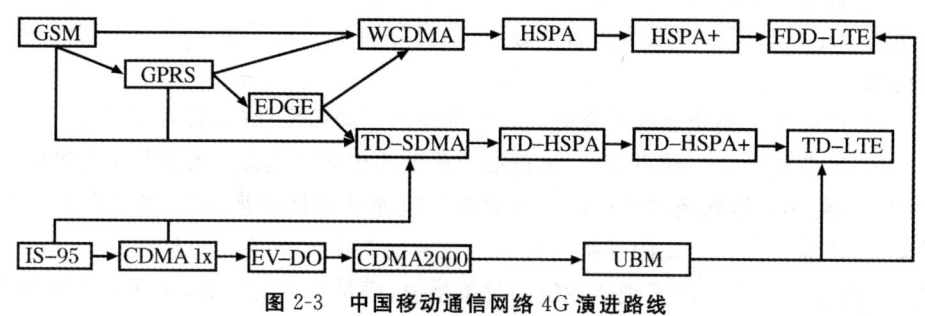

图 2-3 中国移动通信网络 4G 演进路线

2.4 移动商务产业链

产业链（industry chain）是指在经济活动的过程中，一系列存在广泛复杂关联的特定产品或服务及其生产资料的供应、产品生产、加工、储运、销售及最终消费过程组成的经济活动的串联集合，即产业关联。换言之，经济活动中的各产业依据前、后向的关联关系组成了产业链。国外最早开始研究"产业链"，但是早期研究仅仅关注在怎样进行劳动分工、专业化上等宏观性的经济问题上，国外对"产业链"这一概念的直接运用很少，"产业链"是中国化的概念，但是一般都在实际应用中使用，理论研究很少。因此，关于产业链的研究还没有一个统一的概念认识。

但是，一般来说都包括以下几点：

（1）产业链中的企业范围较广，不仅仅局限在同一产业中，可以扩展到不同的产业中。

（2）所谓产业链就是指不同企业的组合，产业链的实质就是企业集合。

（3）产业链的对象是产品，既可以是以物质形态存在的商品，也可以是无形的服务。且产业链的对象最好以市场前景较好、科技含量较高、产品关联度较强的优势产品为主。

（4）产业链中产品的投入产出具有连续性，一般来说上游企业的产出一定是下游企业的的投入。

（5）实现价值增值是产业链的根本目的，在产业链中的每一环节都是在不断的实现价值增值的过程，直到产业链的结束。

（6）产业链中的产品生产是以满足用户需求为导向进行生产的，如果生产出的产品不能满足用户的需求则产业链就失去了存在的价值。

（7）产业链既可以进行生产，也可以进行交易。产业链的交易既包含产业链内交易，也包括产业链内与产业链外企业之间的交易。产业链在实现生产功能时，产业链内各企业以某一产品系列为核心，在垂直方向上形成了上下游相关联的一体化链条。

（8）产业链的起止点因研究的内容与范围的不同而变化的，具有相对性。

（9）产业链不是一成不变的，还包括产业链的接通与延伸。若采用某种产业合作的形式将一定地域范围内的产业链的断环或孤环连接起来，就是所谓的产业链的接通；产业链的延伸指的是将已有的产业链向上游或下游进行扩展的行为。目的都是为了尽可能多的实现产业链的价值增值，满足用户的需要，实现产业链内企业利润的最大化。

根据以上产业链的内涵可知，产业链的形成对某一产业的发展具有很好的促进作用。目前，4G市场相关企业已经开始了产业链的部署。本书将对移动商务产业链的构成进行详细的介绍，为移动商务产业链的形成提供基础依据。

2.4.1 移动商务产业链的构成

通过研究我们发现，移动商务产业链主要由设备供应商、应用开发商、内容提供商、无线网络运营商、其他服务提供商和用户、管制机构、风险投资方8类主体共同构成（见图2-4），产业链成员之间既互相独立又有合作关系，在获得各自利益回

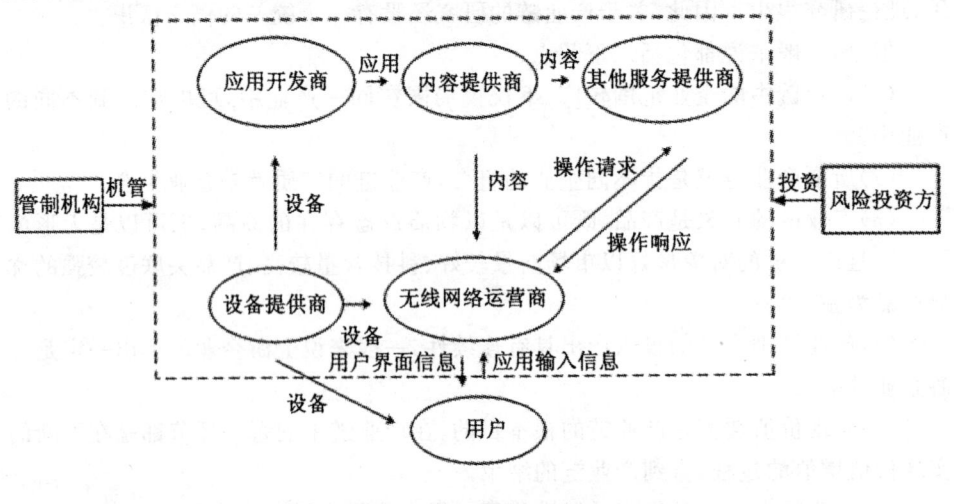

图 2-4 移动商务产业链

报的基础上，共同推进移动商务市场的发展。

移动商务产业链中各主体的定位和作用如下。

1. 设备提供商

设备提供商主要为运营商提供网络设备，进行 4G 通信网络的建设，同时也为运营商提供运营支持系统和运营平台，向开发商提供开发设备和工具，向用户提供手持终端设备，进行各种后续维护服务的厂商，是整个移动商务产业链的基础技术平台。设备提供商是移动商务产业链的上游企业，同时也是芯片制造商的下游企业。实际上，设备提供商不只提供硬件设备，还提供各种设备相关的服务，因此，又有人称之为"通信解决方案提供商"。

2. 应用开发商

应用开发商主要为运营商或内容提供商提供软件解决方案的厂商，比如给运营商或者内容提供商提供增值服务平台、计费系统、某项具体业务的软件解决方案等等，它们在移动商务产业链中有着跟设备提供商同样重要的作用。

3. 无线网络运营商

无线网络运营商是各类厂商与用户的接口，主要进行 4G 通信系统的运营，并为用户提供先进的移动商务应用业务，同时也是设备提供商、应用开发商、内容提供商的客户。无线网络运营商负责选择购买设备、终端和适当的内容，并结合 4G 标准选择建设基础网络，为用户提供丰富多彩的移动商务应用服务。

4. 内容提供商

内容提供商是服务型企业，这里指的是通过网络等手段，向用户提供付费内容的企业。所指的付费内容只要有电子书籍、网络游戏、音乐、电影电视等内容。另外，内容提供商也允许拨号和专线接入服务提供商，以保证为用户提供更多的数字信息。内容提供商利用应用开发商提供的设备为其他服务商和网络运营商提供内容。一般情况下，内容提供商的企业实体除了提供信息内容外，还提供同类产品的跨行业服务。

由于 4G 网络出色的数据通信能力，无论是运营商还是用户都非常青睐 4G 网络能够带来的丰富业务。因此，在 4G 移动商务产业链中，内容提供比 3G 时代要重要的多，所有这些丰富的业务种类都离不开内容提供厂商的开发和设计。网络设备提供商、应用开发商、无线网络运营商共同搭建了一个完善的移动商务网络平台，但能否吸引更多的用户选择移动商务服务并为产业链带来丰厚的利润，则要依靠内容提供商推出满足市场和适合消费者需求的业务模式。

5. 其他服务提供商

其他服务提供商主要是在基础网络和内容提供商提供的业务应用之上,提供一些认证、中介、网关、支付等增值服务,弥补产业链上的瓶颈。

一般不参与网络的运营,而仅仅通过网络运营商的应用平台提供相应增值服务,其他服务提供商的服务内容一般都会与内容提供商的业务有一定重叠,两者区别并不是特别的明显。

6. 用户

整个移动商务产业的发展归根结底都是由用户需求推动的,在这种意义上,用户才是移动商务产业链的真正核心。在市场中,用户可以分成个人用户、企业用户、专业用户三类。所有大众化的服务都是以个人用户为中心进行展开的;专业用户主要是指一些有特殊要求的用户,如股票信息提供的用户,或是一些行业信息提供的用户等;企业用户主要是那些企业规模较大,对信息通信有强烈需求,而且要求也比较高的一些企业,诸如银行、物流、石油、铁路、航空等,这些用户基本上是根据企业需要发展的专业用户,跟普通用户提供的服务会有很大的区别。在所有用户中,普通个人用户是其中的主体,也是移动商务业务的主要服务对象,因此在本书中用户或顾客概念专指普通个人用户。

7. 管制机构

管制机构可以分成两类:一类是通信标准系统的管制机构,主要是指国际电信联盟、3GPP、3GPP2 等组织,这些国际组织协调解决通信产业标准发展的兼容性问题,对标准的执行情况进行监督和管制,统一国际 4G 频段的划分和全球漫游服务条款的制定工作,是通信产业发展的基础;另一类是各个国家的通信管制机构,主要是各国的信息产业部门或者信息管理局,主要对本国运营商进行管制,在推动本国通信产业发展的过程中起监督和引导的作用。

8. 风险投资方

风险投资方指进行高风险、高潜在收益的投资企业或个人。由于 4G 网络前期投资和风险都十分巨大,因此往往运营商难以独立承担,通过风险投资方的参与,可以降低移动商务的进入门槛,鼓励竞争、分散风险,促进移动商务产业的迅速健康发展。

2.4.2 产业链各成员间的合作模式

在 4G 市场环境下整个移动商务产业链的各个主体中,无线网络运营商处于主导地位,负责将产业链的各方进行业务集成,并推向用户商用。与 3G 市场环境相比,无线网络运营商在产业链中的地位更为凸现,是决定着移动商务产业链能否成功的关键因素。

借鉴于网络的分层体系结构,对于一个复杂问题可以采用分层思想,将复杂的工作划分为多项简单的工作,逐步加以解决。层次体系各层之间技术透明,对部分层次内部的修改、增加不会影响到其他层次,这就为移动商务产业链各参与主体之间提供了一种很好的产业链分工模式。通过分层原则,可以使各产业链主体专注于自己的专业领域,进行专业分工。图2-5显示了这种产业链主体间的层级分工模式。在这种分工模式下,不同的产业链主体无需关注构建移动商务系统中的所有问题,只需要关注在其他产业链主体提供的层次基础上构建新的功能即可。这样一来,产业链各主体都能聚焦于各自专业的技术领域,简化整个移动商务应用设计、开发和引入市场过程。通过上述产业链的合作方式,可以快速进行移动商务的应用开发,加快移动商务应用推向市场的速度。

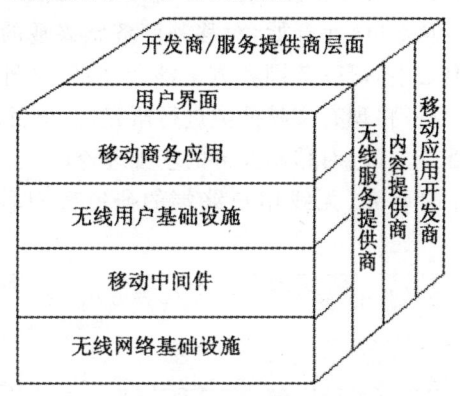

图 2-5 移动商务产业链合作模式

各类主体的聚集会形成一定的集聚效应,实现成本集约和规模经济,并通过路径依赖和技术外溢进一步扩大为产业链集聚效应,通过几个龙头企业纵向延伸,相关产业横向拓展,形成上下游关联,研发、生产、营销功能互补。在整个产业链之间,参与产业链构成的主体之间是竞争与合作共存的关系,通过竞合来整合产业链,促生集群竞合的新格局。

在具体业务实践上,定制手机成为产业链分工合作的一大亮点,运营商们大都采用了定制手机的发展策略。移动商务由于业务模式种类非常丰富并具有个性化,各运营商需要提供的业务种类可能有很大不同,因此就要求内容提供商和其他产业链主体按照运营商的要求迅速开发出移动商务应用模式,并由设备提供商按照运营商的要求提供定制终端设备。通过竞争合作,整个产业链各个环节结合的更加紧密,各种资源协调整合,带来了更好的产业绩效。

2.5 移动商务的国内外研究进展

移动商务相对于其他领域而言还是一个新兴的研究领域,经查阅有可能涉及该领域的在线数据库(ANI/INFORM database, Academic Search Premier, ACM digital library, Business Source Premier, Emerald Fulltext, IEEE Xplore, Inderscience Publishers, Ingenta Journals, Kluwer Online, Science Direct, Springer Link Online Libraries, Wiley InterScience, CNKI 中国期刊网等),发现国内对这方面的系统研究还非常少,国外开辟该领域的研究也是从 1999 年才开始。经统计 1999—2009 年,各年关于该领域发表的论文不断增多,见图 2-6。由于移动商务蓬勃发展,市场前景巨大,从 2003 年开始,对移动商务感兴趣的学者越来越多,并纷纷加入到该领域的研究之中,研究范围和方法涉及经济、管理、心理、工程、信息技术和通信技术等多个学科,将现有文献分类进行研究,发现目前对移动商务领域的研究主要集中在以下五个方面:对移动商务的基础理论研究、对无线网络基础设施的研究、对移动中间件的研究、无线用户终端的研究和对移动商务应用和案例研究。

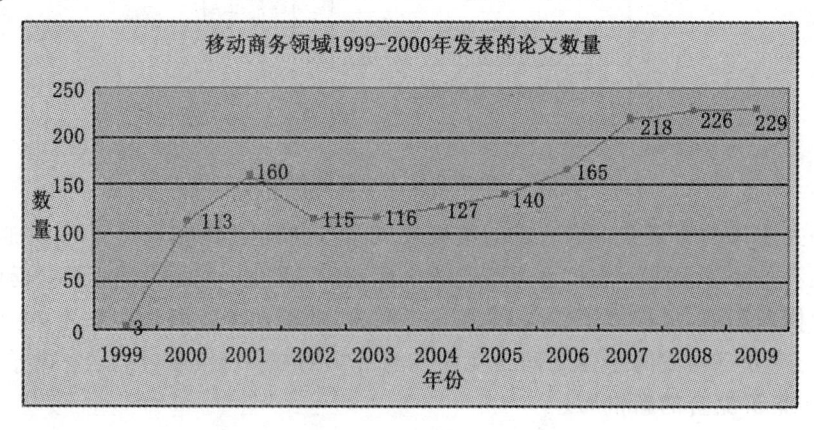

图 2-6 移动商务领域 1999—2009 年发表的论文数量

2.5.1 对移动商务的基础理论研究

对于移动商务的基础性理论研究,处于相关研究的最底层,如文献[35]指出移动商务运营商与传统电子商务从业者所处环境有很大不同,通过这些不同特点提出了一个移动商务交易模型并使用相关的案例进行了讨论;文献[36]使用J2EE开发了一个Info Pipes系统,提出了一个无线商务应用框架的概念模型和移动商务应用的核心服务;文献[37]在讨论了移动商务应用成功的重要因素的基础上,介绍了若干新颖的移动商务应用模式,并研究了构建上述应用所必须的软硬件设备和网络需求;文献[38]借鉴经济学的消费者选择理论和市场营销的决策理论,提出了一个基于价值的技术接受模型(VAM),从价值角度考察了消费者对移动因特网的接受程度;文献[39]对大规模移动商务应用提出了一种新的基于利润最大化的分销策略算法,并对上述算法进行了仿真。对移动商务的基础理论研究主要涉及以下若干方面:

(1)对移动商务的概述性研究:主要包括对移动商务的总体研究、基本概念的界定等。

(2)移动商务及应用的未来发展方向的研究。

(3)与消费者行为相关的研究:包括对移动商务消费者行为的研究、对移动商务应用模式的消费者接受程度的研究、移动电子商务应用和服务的扩散传播途径的研究等。

(4)对移动商务经济学、移动商务商业战略及商业模型的研究。

(5)有关法律和道德的研究:主要涉及在移动商务环境下个人隐私的保护、相关的法律法规环境等。

2.5.2 对无线网络基础设施的研究

对无线网络基础设施的研究是在移动商务基础理论的研究基础上,对网络技术和网络需求方面的研究。

(1)对无线和移动网络的研究:无线网络基础设施作为移动商务的核心技术,它主要对诸如全球移动通信系统(GSM)、蓝牙无线通信技术(BlueTooth)、无线局域网(WLAN)以及4G等无线网络和网络标准进行研究。

文献[24]提出对下一代移动网络基础设施引入ATM技术,来处理高流量和拥塞问题,发展多媒体通信,来解决用户对多媒体服务的强烈需求,并指出了一条由传统ATM到ATM的平滑过渡的路径,对原有运营商而言,降低了用ATM代替传统的基于 STM 的网络基础设施存在风险；文献[25]建立了一套完整的基于无线接入系统和智能网络移动网络体系架构，并提出了与 ATM 骨干网络一致的未来综合移动网络的堆栈协议；文献[27]定义了下一代无线网络的标准，提出了一种基于 IP 的对不同网络技术的公共接入网，该公共接入网采用 Internet 标准和移动 IP，并对该网络解决方案与现有网络设施协同工作的机制进行了研究；文献[28]提出了一种新颖的有线网与无线网相互融合的体系结构，可以将宽带网络接入 IP 多媒体子系统。

(2)对网络要求的研究：为了满足移动商务的可靠性和效率性的要求，无线和移动网络必须满足一定的要求。这类研究主要包括对定位(location)的管理、对多点传送(multicast)的支持、网络可靠性(dependability)、服务质量(QoS)以及网间漫游等的研究。

文献[31]指出无线网络设施的一个重要任务是采取有效策略来定位用户，而位置管理的成本包括呼叫用户成本和位置刷新成本，为了达到总成本最低，要求采取一种新的管理位置成本的算法；文献[32]提出了一种在高度动态的环境下进行位置追踪的管理机制，包括跨系统间的位置更新和跨系统间的呼叫；文献[33]指出现有运营商采用基于包交换的数据网络在支持网络漫游时更为复杂，针对不同情况，文中提出了多种解决方案；文献[34]提出了一种 e-QoS 模型，该模型在异种网络设备和分散的网络技术条件下，可动态的选择应用协议，提供 QoS 质量保证。

2.5.3 对移动中间件的研究

移动中间件是指在无线网络和移动设备操作系统之间连接移动商务应用的软件层，移动中间件为移动商务提供丰富多样的应用提供了可能。对这方面的研究主要分布于：

(1)对 agent 技术的研究：不同的 agent 技术可用来支持不同的移动商务应用，例如，进行支付、卖方定位、产品搜索和协商机制等功能的实现。目前研究的热点集中在软件 agent 技术和移动 agent 技术。

文献[40]提出了一种自动协商模型，使用合作 agent(MoRVAM)对参与双方执行自动、异步的出价过程，并提出一种新的 RVT 协议来保证出价过程的保密性；文献[41]提出了一个使用移动 agent 的研究框架，开发出一套原型系统论证电子商务市场中的自治行为，并通过仿真设计探索采取两种不同的产品购买策略时移动 agent 的表现；文献[42]讨论了采用多 agent 技术，将客户代表、内容提供商、服务提供商均视作软件 agent，提供支持移动部署的个性服务的方法。

(2)对数据库管理技术的研究:由于在移动环境下,查询的处理、数据库的定位、移动数据库的数据恢复,往往并不完全采用传统的数据库技术,因此已经有学者开始了这方面的研究。如文献[43]提出了一种从移动网络连接失败对数据库进行恢复的新协议;文献[44]通过传感器数据和传感器网络、智能发现和智能数据分析、无线广播时移动计算等技术的融合,提出了一套数据库管理系统的体系结构。

(3)对安全技术的研究:主要是研究使用公钥等安全技术为移动商务应用建立一个安全的无线网络基础,以保证商务活动的安全性要求。

如文献[45]提出了一种基于分层方法的鉴权机制,为移动点对点网络提供了多层保护;文献[46]指提出了一种基于信任和声誉的安全机制,以保护实体间交易的安全;文献[47]提出了一种CBS♯微积分方法,在分析移动商务网络安全性的基础上提出了对移动无线网络通信协议的安全分析和框架;文献[55]结合无线公钥密码基础设施的技术特点,提出了一种用户与服务网络间基于无线传输层安全握手协议的认证与协商机制。

(4)对无线/移动通讯组件的研究:主要是研究连接和管理移动通信的技术、方法和算法,以降低网络拥塞,保证移动商务的顺利进行。

如文献[48]Nettech公司的ExpressQ就可以通过诸如报头压缩、延迟确认等技术来进行网络优化;文献[56]描述了一种在动态网络拓扑中有效地维持系统组件之间通讯链路的迁移机制,并考虑了对并发迁移情况的处理等。

(5)对无线和移动协议的研究:如文献[49]讨论了基于移动信息服务中心(MISC)的WAP服务,采用J2EE在BEA WebLogic Server上开发了一个系统体系结构,并提出了不同的WAP服务应用;文献[26]提出了一种基于无线基础设施网络的多点传送协议,该协议具有动态优先权分配和分布式层级路由的特点,具有移动稳定性、低带宽占用率和快速响应时间等优点等。

该方面的研究主要致力于建立标准化的通信协议,如无线应用协议(Wilreless Application Protocal)协议(如图2-7)和i-Mode协议。标准化的协议为无线应用提供了一种在不同网络、设备和应用中的互操作能力。通过WAP体系结构,无线协议在移动终端中充当客户端,而在网关中充当中间服务器,将过滤和压缩过的信息传输到移动终端上,保证应用在异构网络间顺利进行。

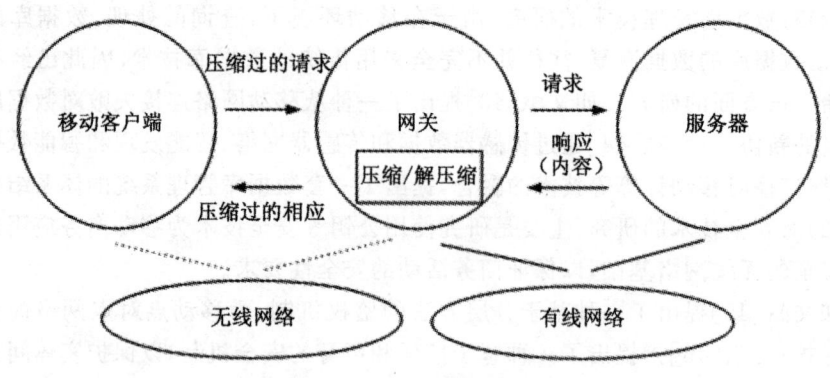

图 2-7 WAP 体系结构

2.5.4 对无线用户终端的研究

该领域的研究主要集中于两个方面,即硬件方面和软件方面。

1. 移动手持设备

主要集中在对移动终端的研究,如智能手机和个人商务助理(PDA)。

文献[50]中 Vodafone 904SH 采用 Oki Electric Industry 的识别软件 Face Sensing Engine 可以通过摄像头识别用户的脸部特征确认用户;文献[51]设计了一种符合 IMT-2000 标准的多层螺旋型的偶级天线(MHDA),既紧凑简洁,又具有高的阻抗带宽;文献[52]研究了德国移动电话的电量需求状况,对充电损失等问题,采用不同的用户情境模式进行了计算;文献[53]提出了一种考虑总键入成本和单词表顺序碰撞情况的算法,用来解决最优的移动电话键盘布局问题。

移动手持设备通常要在性能和便携性方面进行权衡取舍,因此在保持小巧轻便的移动性前提下,应尽量满足以下特点:

(1)能支持较长的使用时间;
(2)能够支持用户通过键盘、手写、语音等多种形式输入信息;
(3)能够显示丰富、可用的内容;
(4)能够对设备定位并进行跟踪;
(5)可接入多种网络;
(6)基本的安全功能,支持用户、服务和应用授权;
(7)支持应用和软件的实时下载更新等。

2. 移动用户界面

移动用户界面指移动终端设备在进行移动商务应用时所使用的操作系统和交

互界面。由于小型移动手持设备有限的处理能力、内存和屏幕尺寸,通用的操作系统和应用软件并不适用,必须为之开发专门的软件。目前已经有 Microsoft、3Com、Symbian 等公司在进行移动操作系统的开发和商用工作,在市场上存在四种主流的操作系统。

(1)Windows Mobile 操作系统,由 Microsoft 公司开发,包括 SmartPhone 以及 Pocket PC Phone 两种平台。Pocket PC phone 主要用于掌上电脑型的智能手机,而 SmartPhone 则主要为单手智能手机提供操作系统。

(2)Symbian 操作系统,由 Symbian 公司开发,受到了 Nokia、Motorala 等主流移动终端生产厂商的支持并得到广泛应用,可以采用多种应用界面形式:一类在设计上类似当前常见的手机,主要通过键盘进行输入;另一类完全依赖触摸屏,使用手写笔进行操作;第三类既支持键盘操作又支持触摸屏操作,通常具有较大的屏幕和较小的键盘。

(3)PALM 操作系统,由 3Com 公司的 Palm Computing 开发的一种嵌入式操作系统,基于该操作系统的手机拥有的第三方软件较多,因此方便原有的 PALM 掌上电脑用户能快速地掌握。

(4)Linux 操作系统,具有稳定、可靠、安全、源代码开放等优点,具有强大的网络功能,可实现 WWW、FTP、DNS、DHCP、E-mail 等服务。

虽然上述四种操作系统各有优点,但在使用方便、界面良好的标准上还需要进行更进一步的研究和改进。

2.5.5 对移动商务应用和案例的研究

移动商务虽然具有优秀的网络基础设施和相关的技术支持基础,但对移动商务应用模式的研究,即对如何使用移动商务这一领先技术,开展更为普及易用的移动商务应用,则对赢得市场价值具有更为深远的意义。

文献[57]提出了一个基于 Web 服务的大型移动电子商务系统的设计方案,给出了使用 J2ME_J2EE 技术来实现的具体途径;文献[58]提出了一种基于多种视角的对移动支付的分析,试图发现影响技术和商务的所有因素;文献[62]分析了一种基于短消息的移动小额支付平台的解决方案,用于移动电子商务中 B2C 的小额交易支付;文献[60]综述了移动互连网的概况,介绍了日本 i-mode 的成功经验;文献[62]提出了一种基于移动商务平台的 C2C 业务模式,并对商务模式的业务流程、技术结构以及相关问题进行了分析。

2.6 国内外企业竞争力理论和学派发展综述

竞争是人类乃至生物界的普遍现象,是生命的基本活动和行为。在经济学理论中,人们以不同的方式定义"竞争"。诺贝尔经济学奖获得者竞争力理论大师乔治·斯蒂格勒在《新帕尔格雷夫经济学大词典》中认为:竞争系个人或集团或国家间的角逐。凡两方或多方力图取得并非各方均能获得的某些东西时,就会有竞争。竞争至少与人类历史同样悠久,所以达尔文从经济学家马尔萨斯那里借用了这个概念,并像经济学家用于人的行为那样,将它应用于自然物种。竞争的定义,是指一种经济物品的需求有多于一人的需求。张金昌在《国际竞争力评价的理论和方法》一书中这样界定竞争:竞争是两个或两个以上主体为了某一目标或利益而进行的争夺或较量。在此概念的基础上,他进一步界定了竞争的三要素:竞争主体、竞争对象、竞争结果。虽然人们以不同的方式定义竞争,但人们对竞争的理解并没有存在很大的差异。

竞争力与竞争是一对密切相关的概念,二者的关系在于:有竞争才有竞争力,没有竞争就没有竞争力;竞争是一种社会现象,而竞争力是一种结果;如果从时点的角度来看,竞争是一个过程概念,而竞争力是一个点概念,而且竞争力的强弱通过竞争过程反映出来。

竞争力是一个内涵复杂的概念,其研究对象可以是国家、产业、企业等,尽管对竞争力的研究引起了经济界和管理界的广泛兴趣和重视,但是其复杂性使得相关研究很难形成一致公认的理论分析框架和结论。不过对于企业竞争力的概念而言,学术界有基本一致的意见,即认为企业竞争力对于企业的生存和发展具有决定性的意义,企业竞争力研究是一个值得高度重视的研究领域。本节将对国内外企业竞争力理论和学派的发展做较全面的论述。

2.6.1 国外企业竞争力理论和学派的发展

从 20 世纪 20 年代开始,就已经有许多学者从事企业竞争力领域的研究工作。其主要理论有以下几方面。

1. 产业组织理论

30 年代,不完全竞争和垄断竞争理论成为经济学的主流,产业被看作同质企业的集合,从而以进入壁垒等市场分析而不是企业内部因素差异来解释不同的市场位势、超额利润以及持续竞争优势。产业组织理论就是为了解决产业内企业为获得规模经济而与市场竞争活力之间的冲突。

美国哈佛大学商学院的迈克尔·波特教授在 80 年代发表了著名的三部曲：《竞争战略》(1980)、《竞争优势》(1985 年)和《国家竞争优势》(1990 年)。他的研究成果主要集中于企业战略管理和产业经济学两大领域，主要贡献是系统地提出了竞争优势理论，认为成本领先、差异化、目标集聚是企业获取竞争优势的三种主导战略，而企业价值链的差异以及产业进入与退出壁垒是企业产生竞争优势以及持续存在的主要原因。

2. 企业内在成长理论

英国经济学家阿尔佛雷德·马歇尔(Alfred Marshall)在对企业内部成长过程及其机制的研究下，创立了"企业内在成长论"。他认为专业化分工的不断增加导致了企业内部出现新的协调问题，需要产生新的内部专门职能来进行原有各部门以及新的各种专业职能的协调与整合，企业内部会发生伴随生产进程的知识积累，知识的积累是一个将非公开知识转化为公开的正规知识的过程。50 年代，安蒂斯·潘罗斯极大地发展了马歇尔"内部经济"的思想，使之更加深入和全面。潘罗斯《企业成长论》(1959)的研究集中于单个企业的成长过程，她认为管理人员对企业内部的协调与决策会逐渐由生疏到熟悉，进而可以将其程序化，形成以特定的途径、知识和经验解决各种问题的优势。企业成长并不完全是自然选择的结果。60 年代，乔治·理查德森把注意力集中于马歇尔所说的"外部"问题，提出了企业间协调的知识基础论。在一定程度上补充了科斯的关于市场与企业等级之间相互替代的交易费用理论，同时又发展了企业内在成长论。这三位学者共同倡导的"企业内在成长论"在 80 年代获得了长足的发展，它们的基本观点都认为：与企业外部条件相比，企业内部条件对于企业占据市场竞争优势具有决定性作用；企业必须对能够扩展生产领域的知识和能力进行不断积累；企业内部能力、资源和知识的积累是解释企业获得超额收益和保持企业竞争优势的关键性概念。

3. 持续竞争优势理论

1982 年，史蒂芬·里普曼和理查德·罗曼尔特的《不确定模仿力：竞争条件下企业运行效率的差异分析》一文认为，如果企业无法有效仿制或复制出优势企业产生特殊能力的源泉，各企业之间的效率差异状态就会永远持续下去。1984 年，博格·沃纳菲尔特在潘罗斯的《企业成长论》的基础上发表了《企业资源基础论》一文，他认为企业之间存在着资源位势差异，仿制者的认知、时间和经济劣势，会形成资源位势障碍，从而使资源位势差异存在下去。与企业内在成长论不同，企业持续竞争优势理论主要解释企业本身获得的知识和能力能否使企业产生持久的超额利润,或这些优势是否会因为企业间的激烈竞争而消失,因此,它主要考察企业间的竞争关系。在企业之间的竞争中,企业的资源和能力起决定作用,拥有独特的资源和能力,且不易被竞争者模仿或替代的企业将取得持久的竞争优势。企业独特的资源和能力之所以难模仿,主要是因为企业的资源和能力的形成机制是难以模仿的。这是由于经济活动中信息成本的存在,一个企业很难复制或仿制另一个企业的竞争优势,如优势技术、市场知识、组织能力等等。也就是说,企业的竞争优势源于企业内部,并不易被仿效,具有一定的持久性,而企业由此获得的竞争优势能够给企业带来超额利润。

20世纪80年代后,罗曼尔特认为,企业持续竞争优势的存在是因为在企业中,存在着一种带有根本性的、与能够导致企业成功的特殊资源密切相关的不确定性。这种不确定性,使企业成功的"原因模糊",如经验基础上的企业家资源(潘罗斯,1959)、难于完全效仿的有价值的组织文化(巴尼,1986),如产品声誉之类的难于仿制的无形资产(艾特米,1987)、成功企业用于解决新问题的经验等等(斯格迈克,1990)。这其中可能存在一种使产业中的企业获得比产业外的企业更高利润的均衡状态,在这一状态下,产业外的企业无法有效进入产业侵吞产业内的利润。对于企业竞争力,经济界和企业界却具有基本一致的意见,即认为企业竞争力对于企业的生存和发展具有决定性的意义,企业竞争力研究是一个值得高度重视的研究领域。在对企业竞争力有了各种定义的基础上,不同理论发展出了一些相对独立的企业竞争力研究学派。目前比较主流的资源学派和能力学派都是从持续竞争优势理论衍生而来。

4. 资源学派

1984年沃纳菲尔特在美国的《战略管理杂志》上发表了《企业资源学说》一文。此后,以沃纳菲尔特和潘罗斯为主要代表的资源学派成为目前最为流行、主导企业竞争力理论论著基调的主流学派。对企业持续竞争优势的研究开始分化为两个相对独立又互为补充的学派。该学派主要著作及代表人物有:《企业资源学说》(沃纳菲尔特,1984)、《企业战略理论》(罗特尔曼,1984)、《知识和能力作为战略资产》(温特,1987)、《战略管理和经济学》(罗特尔曼、提斯,1991)、《竞争优势的奠基石:一种资源观》(皮特瑞夫,1993)等。在资源差异能够产生收益的差异的假定下,该学派认为企业的内部有形资源、无形资源以及积累的知识,在企业间存在差异,资源优势会产生企业竞争优势,企业具有的价值性、稀缺性、不可复制性以及以低于价值的价格获取的资源是企业获得持续竞争优势以及成功的关键因素,企业竞争力就是那些特殊的资源。尽管同属于资源学派,但对于资源所包含内容的不同理解又形成了不同的资源观。潘汉尔德把企业竞争力描述为:"组织中的积累性学识、特别是关于如何协调不同的生产技能和有机结合多种技术流派的学识"。在这一定义中,协调与有机结合的学识是主要资源,能力与知识都被视为资源,能力与知识之间似乎并无太大的区别。美国学者巴尼也认为,企业的资源还有人力资本以及组织资本的正式与非正式资源,能力与知识显然都被当作同一类事物。另外,还有一种资源观是将社会资本纳入其中,社会资本能够为企业提供收益。

5. 能力学派

能力学派以是普拉哈拉德和哈默(C. Prahalad and G. Hamel,1990)发表的《企业核心能力》为标志,先后经过兰格路易斯、斯多克、伊万斯、舒尔曼、福斯、提斯、皮萨诺、苏安等人的发展,成为一个较成熟和完善的理论体系。能力学派的主要代表作是《企业核心能力》(哈默、普拉哈拉德,1990)、《基于能力的竞争:公司战略新规则》(斯多克、伊万斯,1992)、《核心能力概念:在能力基础的竞争中》(哈默、赫尼,1994)、《动态能力和战略管理》(提斯、皮萨诺、苏安,1997)。该学派与英国古典经济学家亚当·斯密的生产分工理论不同,企业能力理论主要突出研究企业的能力分工。该学派认为,蕴含于一个企业生产经营环节中的具有明显优势的个别技术和生产技能,或者组织成员特有的集体技能和知识,是企业获得和保持竞争优势的源泉,即认为企业中蕴含着一种特殊的智力资本,这种资本能够确保企业以自己特有的方式更有效地从事生产经营活动。能力的差异是企业持久竞争优势的源泉。因此能力学派强调组织内部的技能和集体学习,以及对它们的管理技能,认为竞争优势的根源在于组织内部,新战略的采取受到公司现有资源的约束。但在具体的竞争力理论方面,又可划分为两种具有代表性的观点:一种观点是哈默和普拉哈拉德为代表的核心能力观,另一种观点是以斯多克、伊万斯和舒尔曼为代表的"整体能力观"。前者所说的"核心能力"是指蕴含于一个企业生产、经营环节之中的具有明显优势的个别技术和生产技能的结合体,后者所指"整体能力",主要表现为组织成员的集体技能和知识以及员工相互交往方式的组织程序。

6. 市场结构学派

结构学派的创立者和代表人物是美国著名战略学家、哈佛大学迈克尔·波特教授。波特在1980年出版的《竞争战略:产业和竞争者分析技巧》,以及1985年出版的《竞争优势》两本专著中阐明了其竞争理论。他认为,竞争优势归根结底产生于企业为客户所能创造的价值:或者在提供同等效益时采取相对低的价格,或者其不同寻常的效益用于补偿溢价而有余。构成企业环境的关键部分就是企业投入竞争的一个或者几个产业,产业结构分析正确是确立竞争战略的基石,然而一个行业内部的竞争态势取决于五种基本竞争力的相互作用,即进入威胁、替代威胁、买方议价能力、供方议价能力和现有竞争对手的竞争。这五种作用力共同决定产业竞争的强度以及产业利润率,最强的一种或几种作用力占据着统治地位,并且从战略形成的观点来看,起着关键性作用。其中每种竞争作用力又受到诸多的经济技术因素和特征的影响,例如进入威胁就受到规模经济、专卖产品的差别、商标专有性转换成本、资本需求、分销渠道等因素的制约。

7. 创新学派

奥地利著名经济学家熊彼特(J. A. Cchumpter)在1934年所著的《经济发展理论》一书中提出了经济创新的概念,他认为"创新"是指"企业家实行对生产要素的新的结合",包括以下五种情况:(1)引入一种新的产品或提供一种产品的新质量;(2)采用一种新的生产方式;(3)开辟一个新的市场;(4)获得一种原料或半成品的新的供给来源;(5)实行一种新的企业组织形式。创新的产生离不开对知识和技术的投资。新技术、客户新需求、新的产业环节、压低上游成本、政府法令规章的改变等都是造成竞争优势改变的因素。

8. 国际比较学派

世界经济论坛(WEF)和瑞士洛桑国际管理开发学院(IMD)这两个竞争力的权威评价机构提出了自己对于竞争力的观念。他们认为国际竞争力是指一国的企业或企业家设计、生产和销售产品和劳务的能力,其价格和非价格特性比竞争对手更具有市场吸引力。这一学派主要是从国家的角度进行竞争力比较。

2.6.2 国内企业竞争力理论研究的发展

在国内,对通过宏观经济因素的作用来加强企业竞争力的研究比较重视,但通过微观经济因素的作用来加强企业竞争力的研究相对较少。国内对通过微观经济因素的作用来加强企业竞争力的研究开始于80年代末90年代初,并且明显受国外竞争力理论学派的影响。

概括起来,目前我国学者关于企业竞争力及相关的研究主要包括以下几个方面:企业竞争力与企业的国际竞争力的界定、国际竞争力与产业竞争力、区域竞争力、产业及企业竞争力的来源、企业竞争力的评价、提高企业竞争力的对策。

竞争力是一个复杂的现象,纵观不同时期企业竞争力理论各个学派,虽然基于不同的理论,从不同的角度推演出不同的观点,但企业竞争力理论整体上的研究目标主要是从不同侧面的特性和动力来解释企业竞争优势的创新性、持久性和不断更新性。

总结上述研究,国内对企业竞争力的理论研究与评价分析有以下特点:

(1)我国对企业竞争力的研究起步较晚,尚处于初期,主要侧重于企业竞争力概念的研究,且实证的统计分析和评价多于理论研究,而国外比较注重基础理论的研究,已形成了较为完整的理论体系,国内在此方面有待进一步强化。

(2)企业竞争力的形成和发挥不仅取决于有形资源积累,而且也受到无形资源的影响。因此在考虑有形资源的同时,还应分析无形资源与企业竞争力的关系,以及自然区位、经济区位、产业集群、地方文化、政府政策等环境要素对企业竞争力的影响,对企业竞争力进行综合系统的分析,避免强调某一方面因素而导致认识上的偏差。

(3)在对企业竞争力进行评价时,学者们加强了定量化研究,但定性指标的量化存在一定的困难,因此要更加注重理论与实践的结合,完善和建立适用性广、可操作性强的指标体系。并且,评价方法仍以传统的研究方法为主,限于简单的数学工具,因此需要合理采用现代评价研究方法,使评价结果更加科学。

(4)已有的对企业竞争力的研究普遍适用一般企业的研究较多,而针对不同行业、不同规模的具体细分企业类型的研究还较少。因此今后应加强对不同行业企业、不同规模企业竞争力的细分研究,使研究成果进一步应用到实践当中。

(5)综合运用多学科的研究成果和方法,了解最新研究动态,深入探索企业竞争力的形成机理,不断地使企业竞争力理论研究更具有实用性和可操作性。

综合国内外学者对企业竞争力的研究,认为企业竞争力应该具有以下方面:

(1)竞争力是在与竞争对手比较中的一种相对能力。没有竞争对手就谈不上竞争力。

(2)企业提高其竞争力的根本目的是为了提高企业盈利能力。

(3)竞争力是一种长期持续性的相对能力,而不是短暂的、一时的。

(4)企业竞争力的提高受到多方面因素的影响,提高企业竞争力必须同时考虑不同因素的影响才能发挥作用,企业竞争力具有复杂性。

2.7 移动商务竞争力研究框架的提出

总结上述研究,目前对移动商务的研究领域主要分布在五个方面,即对移动商务的基础理论研究、对无线网络基础设施的研究、对移动中间件的研究、无线用户终端的研究和对移动商务应用和案例研究。据此本书归纳总结了移动商务的研究领域,如图2-8所示。

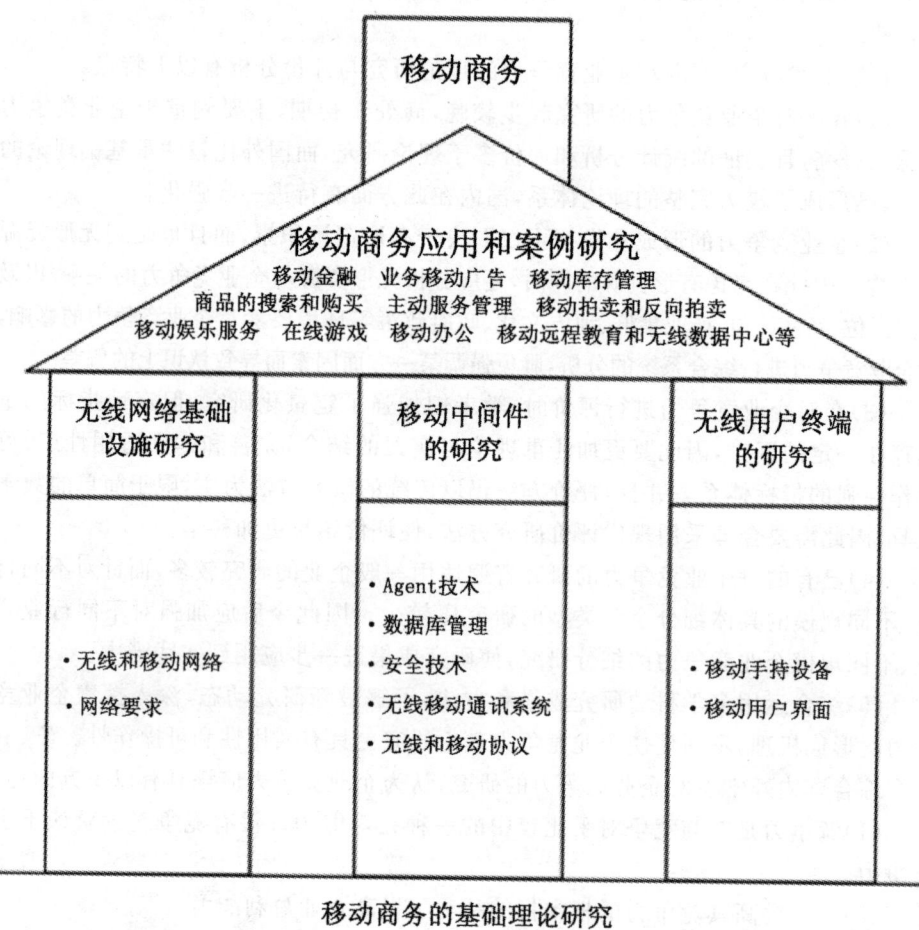

```
                          移动商务
              ┌──────────────────────────────┐
              │   移动商务应用和案例研究           │
              │ 移动金融  业务移动广告  移动库存管理 │
              │ 商品的搜索和购买 主动服务管理       │
              │ 移动拍卖和反向拍卖                 │
              │ 移动娱乐服务 在线游戏 移动办公     │
              │ 移动远程教育和无线数据中心等        │
              └──────────────────────────────┘
```

无线网络基础 设施研究	移动中间件 的研究	无线用户终端 的研究
	• Agent技术 • 数据库管理 • 安全技术 • 无线移动通讯系统 • 无线和移动协议	
• 无线和移动网络 • 网络要求		• 移动手持设备 • 移动用户界面

移动商务的基础理论研究

● 对移动商务的概述性研究　　● 移动商务及应用的发展未来发展方向的研究
● 与行为相关的研究　　　　　● 移动商务经济学、移动商务商业战略和商业模式
● 有关法律和道德的研究

图 2-8　移动商务的研究领域

对移动商务基础理论的研究贯穿了整个移动商务的研究领域,是所有研究的基石;对无线网络基础设施、移动中间件和无线用户终端各个技术领域的研究,则为移动商务的应用提供了坚实的技术支撑环境;在上述研究的基础上,开展各种移

动商务应用和案例的研究，对于丰富移动商务业务类型，推进移动商务的商用过程，无疑具有重要的实践意义。

随着移动商务应用步伐的不断加快，4G网络在世界范围内相继商用，对移动商务的学术研究也大大繁荣起来，尤其在技术领域方面已经相对成熟；但对移动商务的基础理论，特别是移动商务市场的顾客需求规律和推广战略还缺乏深入的研究，而这些方面恰恰是提高移动商务竞争力最为重要，也亟待解决的问题。因此本书将紧紧围绕提高移动商务竞争力这一中心，按照如下研究框架开展。

首先，在实证调研的基础上，探索4G市场环境下消费者最为需要的移动商务应用模式；其次，利用结构方程模型对上述分类模型进行检验修正，并提出一个移动商务竞争力模型，用以考察消费者认可的各种移动商务应用模式对移动商务总体竞争力的影响程度和强度；再次，对根据上述研究成果制定各种移动商务推广战略方案进行总体评价，从而为运营商选择最具市场竞争力的移动商务战略决策；最后，为适应动态多变的商业环境，提高反应速度，开发一个基于B/S的综合模糊评价原型系统。通过上述一系列的工作，力求解决在中国4G市场的形成和发展时期，如何在我国推进移动商务市场的发展，促进运营企业竞争力形成的问题。

2.8 小结

本章首先界定了移动商务的概念，并在对移动商务的市场模型，中国4G技术标准的演进路线、移动商务产业链等问题进行研究的基础上，结合国内外研究进展归纳总结了移动商务的研究领域，指出目前对于移动商务技术领域的研究已经相对比较成熟，但对于移动商务的基础性理论研究，尤其是顾客需求和战略制定方面的研究还显得十分薄弱，据此引入了本书的研究方向，提出了移动商务竞争力的研究框架，为进一步的工作打下基础。

第三章 面向顾客需求的移动商务应用研究

目前由于对移动商务市场的经济规律、消费者行为、商业模型、应用模式和营销模式缺乏必要的研究,市场潜力开发不足已经成为牵制全局那块最短的木板,而对上述问题进行深入研究的前提,是对顾客移动商务需求的偏好有一个准确、深入地了解。

3.1 移动商务应用传统分类模型研究

与 3G 市场环境中的移动数据业务相比,在 4G 市场环境下由于网络速度的大幅提高,使运营商具备了提供更加丰富的基于数据业务的移动商务应用的能力。在这种情况下,对可能出现的各种移动商务应用模式进行分类研究,对于政府制定相关的行业政策、运营商设计相应的业务平台和运营策略以及设备制造商、应用开发商研发相应的设备和软件,无疑具有十分重要的现实意义[①]。

3.1.1 UMTS 应用分类模型

UMTS(通用移动通信系统)论坛是一个非赢利性的跨行业组织,当前拥有来

---

① [EB/OL]CATR. 移动企业应用发展现状与展望. http://report.catr.cn/200604/t20060409_166725.htm,2005.8.

Pieter T. M. Desmet,David De Cremer,Eric van Dijk. Trust recovery following voluntary or forced financial compensations in the trust game: The role of trait forgiveness[J]. Personality and Individual Differences . 2010(3)

[EB/OL]CATR. 国际电信消费分析.

http://report.catr.cn/200611/t20061124_517051.htm,2006.10.

[EB/OL]2011-2015 年中国移动运营市场分析预测及投资方向研究报告(BZ). http://report.catr.cn/201006/t20100619_582962.htm,2010.9.

[EB/OL]CATR. 国外大型电信运营商竞争力研究分析报告. http://report.catr.cn/201204/t20120409_166688.htm,2012.5.

[EB/OL]CATR. 国外传统电信运营商业务发展策略研究. http://report.catr.cn/201204/t20120409_166726.htm,2012.8.

自全球40多个国家/地区的260多个会员组织,包括移动运营商、供应商、规范制订组织、咨询组织、IT和媒体/内容团体。UMTS框架下的分类模型将移动3G商务应用划分为话音应用和非话音应用两大类,将非话音应用又按照移动性和内容连接性分为两类。由于目前该机构尚未制定4G商务应用分类模型,而4G是在3G的基础上发展而来,两者具有紧密的联系,因此,我们借鉴UMTS框架下3G的应用分类模型,预计各种4G应用模式可以也将划分为6类,分别为:

(1)移动Internet接入:作为固定Internet应用的延伸,能够为私人用户提供移动互联网的接入;

(2)移动Intranet/Extrannet接入:作为固定Internet应用的延伸,能够为商务市场提供移动企业内部网和外部网的接入;

(3)定制娱乐信息:能够根据用户需要通过移动门户制作提供基于Internet内容的全部娱乐服务;

(4)多媒体信息:4G网络具备的实时功能和高速的数据传输能力,能够提供即时信息和图像视频发送业务,这些都为多媒体业务的开展提供了业务平台。多媒体信息的出现为相对独立的用户群体和基于兴趣建立的用户小组之间创造了信息交流的条件和机会;

(5)基于位置的服务:随着定位技术的发展,移动网络具备了识别移动终端设备位置的能力,从而产生了大量基于位置信息的新的应用模式,已经成为创造移动商务新服务的主要驱动力;

(6)简单/高级话音业务:4G业务中的话音应用既包括简单的话音应用,也包括具有可视电话等多种功能的高级话音应用服务。

综上所述,UMTS论坛提出的业务为分析市场需求和探讨行业趋势提供了一个框架,该框架模型涵盖的应用概念和模式,为行业界定下一代移动应用提供了一种可用的方式,表3-1对这六种移动商务业务的应用模式进行了具体的描述。

表3-1 按照业务性质划分的UMTS应用分类模型

业务名称	业务描述	应用市场
移动 Intranet/Extranet	提供企业局域网(LAN)、虚拟专(VPN)和移动Internet安全接入	企业用户
移动Internet接入	提供固定ISP所能提供的Internet接入业务,可提供全面的Internet Wed浏览,同时具有提供文件传送、email、流体视频/声频的能力。	个人用户

续表

业务名称	业务描述	应用市场
定制娱乐信息	提供可随时随地实现个性化的内容接入。基于移动门户网站为用户提供服务，可以提供文本、声音、图片或视频等不同级别的业务	个人用户
多媒体信息	提供非实时的包括文本、声音、图片或视频的多媒体短信息服务（MMS）	个人用户 企业用户
基于位置的服务	使用户具有查找自己或者其他用户、车辆、设施等的所在地，或者查询与所在地相关的信息、业务和设施等的能力	个人用户 企业用户
高级话音/ 简单话音业务	实时、双向的 4G 业务，可提供先进的话音功能（如 VoIP、语音上网、网络话音呼叫、可视电话和多媒体通信），同时提供原有的移动话音业务功能（运营商业务、号码簿服务和漫游服务）。	个人用户 企业用户

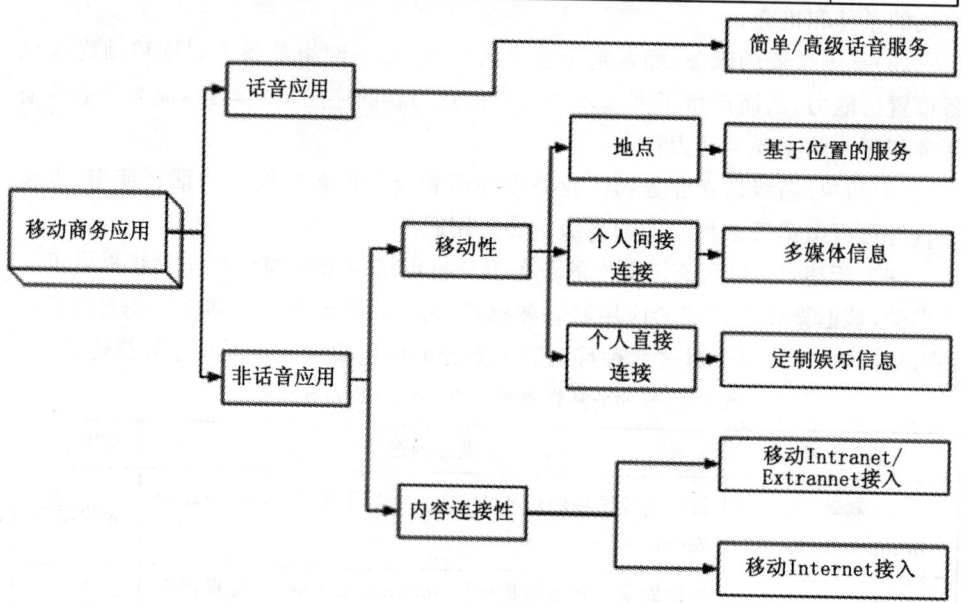

图 3-1 UMTS 4G 应用框架模型

3.1.2 CATRⅠ应用分类模型

表 3-2　按照业务性质划分的 CATRⅠ分类模型

第一级	第二级	第三级	第四级
语音类业务	普通话音业务		
	增强型话音业务	可视电话	
		视频电话会议	
		VoIP	
非语音类业务（信息内容及服务类业务）	通用上网业务	移动 Internet 接入	Web 浏览
			文件下载
		企业网 Intranet	企业门户：公司新闻、公告栏、产业信息访问等
			移动企业群体：E-mail 组、会议通知、电子白板等
			移动供应链管理 SCM
			移动客户关系管理 CRM
			多媒体移动虚拟网业务
	移动特色业务	移动消费类业务	多媒体邮件：E-mail、视频邮件、音频邮件
			多媒体消息：即时消息、移动 ICQ、统一消息、短消息 SMS、增强型短消息 EMS、多媒体短消息 MMS
			个性化信息定制：天气预报、生活信息、证券信息等
			移动贺卡 MPK
		基于位置类业务	交通导航：出租车、长途货运等
			定位
			移动黄页
			位置服务：当前位置信息服务、目标位置信息服务等
			合法跟踪/个人安全：车辆跟踪、车辆防盗、儿童追踪等

续表

第一级	第二级	第三级	第四级
非语音类业务(信息内容及服务类业务)	移动特色业务	基于位置类业务	基于位置的移动商务
			基于位置紧急求助
			基于位置的Telematics远程服务
		移动商务类业务	移动支付：大额支付、小额支付
			移动银行
			移动证券和保险
			移动电子商务：在线交易、在线购物
			移动广告
		个人服务类业务	视频/音频点播或下载：VOD、AOD、IOD
			铃声/图像/音乐下载
			个性化首页：My menu
			在线博彩
			个人信息管理：PIM
			在线学习：互译字典

CATR(China Academy of Telecommunication Research)中国电信研究院，是一家致力于通信业的官方研究机构，隶属于信息产业部。在对3G市场移动商务应用进行研究时，中国电信研究院提出了三种基于不同角度的分类模型。CATR Ⅰ的分类模型也是从业务性质出发进行划分，但与UMTS分类模型的不同之处在于不仅涵盖了现有的应用模式，还囊括了由于网络性能升级未来可能出现的新兴移动商务应用模式。CATR Ⅰ分类模型将所有3G移动商务业务分为四级，并将移动Internet接入和移动Intranet/Extranet合并为通用上网业务，将其他的移动特色服务划分为移动消费类业务、基于位置类业务、移动商务类业务和个人服务类业务四类应用。同样的，我们借鉴CATR Ⅰ的3G应用分类模型，预计4G应用分类模型如表3-2。

可以看到，虽然在大类上CATR Ⅰ分类模型只有四类，但是在可提供业务的应用模式上，要远丰富于UMTS的分类模型。

3.1.3 CATR Ⅱ应用分类模型

CATR Ⅱ分类模型按照应用模式媒体传输形式的标准进行划分,按照此模型,我们可以将4G市场中的应用模式划分为语音业务、文本业务、视频业务和多媒体业务四大类。该分类模型完全忽略了各种应用模式的业务具体形式,完全按照应用承载的传输形式进行分类,在实践中很少被企业采用,见表3-3。

表3-3 按照媒体形式划分的CATR Ⅱ分类模型

话音业务	普通电话业务
文本业务	SMS业务
	网页浏览
	新闻
	个人定制信息
	关口信息服务
视频业务	可视电话
	会议电话
	VOD下载、点播
多媒体业务	在线点播
	MMS
	多媒体信息
	……

3.1.4 CATR Ⅲ应用分类模型

CATR Ⅲ应用分类模型以用户为中心,提出按照用户的生活状态划分,可以根据此模型,将4G市场中的移动商务应用模式划分为五大类:即通信类、消息类、交易类、娱乐类和效率应用类,详见表3-4。

表3-4 按照用户的生活状态划分的CATR Ⅲ应用分类模型

通信类	语音电话
	可视电话
	移动可视会议

续表

通信类	移动电子邮件：E-mail、视频邮件 V-mail、音频邮件 A-mail
	即时信息：即时消息、移动 ICQ
	统一消息业务
	点对点 SMS
	点对点 MMS
	Web 浏览
	文件下载
信息内容类	新闻类信息：新闻、交通信息、天气预报、股票信息、体育新闻、城市信息、赛马信息等
	位置信息服务：城市交通、紧急求助、城市地图/移动黄页、车辆跟踪/防盗、儿童追踪
	个性化定制/门户服务
	移动广告
交易类	电子钱包
	移动支付：小额支付、大额支付
	移动银行
	移动证券
	移动保险
	移动博彩
	移动拍卖
	信用卡费用查询
	移动订票
娱乐类	流媒体：VOD、AOD
	个性化 LOGO 下载
	个性化铃声下载
	音乐下载和播放
	网络游戏

续表

效率应用类	PIM：个人信息管理
	个性化首页：My Menu
	移动办公室：移动群件、移动公告、企业接入、协同办公等
	企业信息公布
	移动企业资源调配

(1)通信类应用主要是即时的业务，具有很大的随意性和不确定性，该类业务的发展前景完全取决于社会的整体发展水平以及对相互间通信的需求。

(2)交易类应用主要与商务有关，因此与银行等金融行业、产品生产和销售行业的参与有很大关系，这类业务发展的关键因素在于金融安全、信用保障等电子商务制度方面的建立。

(3)内容类应用涉及的行业最为广泛，参与者以现有的传统媒体和内容生产者为主，包括报纸杂志、电视电影、网站、教育机构等，这类业务的发展取决于内容行业的参与程度，因此在管制政策上最需要扶持和促进。

(4)娱乐类应用从用户个人的兴趣出发，涵盖了日常生活中能够从移动通信服务中获得的各种娱乐服务，如游戏、音乐、视频等应用。

(5)效率应用类是指能够为个人在生活和工作的过程中，或企业在经营运作中提高办事速度和工作效率的服务。

3.1.5 Pday Research 应用分类模型

水清木华研究中心（Pday Research）作为一家领先的产业研究和市场咨询机构，成立于1999年，主要对市场产品、技术、经销渠道以及主要竞争企业等相关信息进行广泛深入的调查研究，将并研究分析结果与报告提供给国内外厂商、销售商及相关机构，在通信行业中具有较高的声誉。与 CATR Ⅲ 应用分类模型相类似，Pday Research 的应用分类模型也是从顾客角度出发，将4G市场移动商务应用分成三大类：即娱乐类、商务类和生活类应用，然后结合各类应用特点进一步进行了详细的划分，参看表3-5。

3.1.6 各传统分类模型的特点和局限

UMTS 论坛提出的4G市场应用分类模型，是从业务性质角度对移动商务应用进行划分，着眼点在于对短期内可能流行（或得以推广）的4G业务的推测。该分类模型主要是根据目前在3G网络上已有的移动数据业务以及固定网络上的数据业务提出，对于未来4G网络新兴的移动商务应用则考虑不足，而且对于4G应用的概况分类显得有些笼统，划分依据不够统一，很多种业务或应用能够划分到不同的业务类型中，从而产生了分类划分上的混乱。虽然有以上缺点，但由于UMTS应用分类模型简单实用，便于进行用户调查和市场分析，因此非常适合运营商用来制定企业的业务发展计划和市场规划。目前该分类模型应用范围很广，很多著名的电信设备厂商都引用了该模型。

CATR I 应用分类模型与 UMTS 应用分类模型的相同，均是基于业务性质的进行划分。但是与 UMTS 应用分类模型相比，CATR I 大大丰富了移动商务应用的业务模式，覆盖范围不仅涵盖了现有的应用模式，还囊括了由于网络性能升级导致未来可能出现的各种新兴的移动商务应用模式，对运营商和厂商制定业务发展规划的指导意义更为具体。

表3-5 Pday Research 的应用分类模型

业务类别			具体内容
语音	简单语音		由于4G传输速率明显大于3G，所以简单语音通话可达到固话质量水平
	高级语音	可视电话	可进行可视通话，同时还可以进行 VoIP、语音上网、网络始发的话音呼叫等服务
		移动可视会议	支持多终端网络连接，可以进行视频会议
数据	娱乐类	游戏	移动游戏：可通过手机连网进行网络游戏，或上网下载游戏
		音乐	网上在线点播音乐或网上下载音乐后播放，手机卡拉OK
		视频	网上在线视频点播或网上下载视频后播放
		电视	通过手机收看各种电视节目或收看实时转播
		Web浏览	上网浏览，获取网上信息：新闻、信息下载等
		移动博彩	通过手机购买彩票或者博彩
		下载	下载文件、铃声、图片、屏保、音乐、视频、游戏、软件等

续表

业务类别		具体内容
数据	商务类	
	移动广告	接收各种广告信息
	移动大额支付	进行商务方面移动大额支付：如转账、购买大件物品等
	移动银行	进行柜台银行的各种服务：账户查询、信用卡查询、转账等
	移动证券	用手机进行证券市场的各种操作、查询等
	移动保险	通过手机购买保险、报险等
	移动拍卖	通过手机对商品或服务进行拍卖
	移动订票	用手机预订飞机票、火车票等
	移动办公	移动群体、移动公告、企业接入、协同办公等
	位置信息服务	城市交通、紧急救助、城市地图、移动黄页、车辆跟踪、船舶跟踪、资产防盗、儿童跟踪等
	移动虚拟网	移动虚拟网(VMPN)，为企业用户提供无线内部网络
	生活类	
	移动电子邮件	文本邮件 E-mail、视频邮件 V-mai、音频邮件 A-mail
	日常信息服务	新闻头条、天气预报、股票信息、体育新闻、明星娱乐等
	移动小额支付	手机购票：车票、地铁票、电影票、演唱会门票、彩票等
	个人信息管理	通过 4G 网络提供专用的存储空间，存放各种通讯信息等
	短信	文本短信、音频短信、视频短信、即时消息、群体短信等
	在线学习	互译字典、在线提供各种学习资料下载或在线学习等

  CATR Ⅱ 应用分类模型与前两种分类模型不同，采用业务承载的传输方式作为应用模式的划分标准，虽然简化了模型结构，但对运营商和厂商指导业务发展无具体指导意义，因此应用很少。

  CATR Ⅲ 应用分类模型认识到以往的分类模型完全从是运营商、服务提供商或设备生产商角度出发，忽视了用户对 4G 应用的理解和接受状况。因此，CATR

Ⅲ认为,应用的开发和部署应转移到以用户为中心,首先考虑用户的需求,使他们对新的应用模式容易理解和接受。目前已经有越来越多的从业者开始采用CA-TR Ⅲ应用分类模型来指导企业的发展。

PdayResearch应用分类模型采用基于商业模式的应用分类,由于部分业务同时属于其中的一个或两个类别中,因此无法给予其绝对的界限,但这种分类更注重了按照业务的应用角度进行的划分,因此业务分类更加明确。

上述模型分别从业务性质、传输方式、技术实现、商业模型等不同角度对移动商务应用进行分类,揭示出了移动商务应用的一些规律,但以上分类模型均存在一些共同的缺点:

(1)现有分类模型大部分是基于厂商角度提出的,很少从顾客角度考虑移动商务应用模型;

(2)即使从顾客角度出发,现有分类模型也大都采用主观分类方法,分类多依赖经验进行,没有经过实证调研和数据分析;

(3)由于对顾客需求缺乏深入的了解和认识,上述分类模型对运营商和设备制造商进行市场研究,制定市场推广策略的指导作用有待加强。

用户的需求是多方面的,站在不同的角度可能会得出不同的分类模型,但作为移动商务应用的最终消费者,从顾客角度进行研究,对于业务的实现和市场的认可,才显得更有意义。正是基于此,作者在本章以下篇幅将开展如下研究:基于顾客需求角度,采用实证研究方法获得实际调研数据,通过探索性因子分析方法,建立起有别于前述模型的移动商务应用分类模型,并进行定量分析。

3.2 探索性因子分析方法(EFA)

因子分析(Factor Analysis)是多元统计分析的一个重要分支,是主成分分析的推广和发展,是一种用来分析隐藏在表面现象背后的因子作用的一类统计模型。最初由英国心理学家C. Spearman提出,1904年他在美国心理学刊物上,发表了第一篇有关因子分析的文章[1]。因子分析研究相关阵或协方差阵的内部依赖关系,它将多个变量综合为少数几个因子,以再现原始变量与因子之间的相关关系。因子分析的主要作用是:寻求基本结构(Summarization)和数据化简(Data reduction)。

---

[1] 王松涛.探索性因子分析与验证性因子分析比较研究[J].兰州学刊,2006(5):155—156

3.2.1 因子分析的基本思想及数学模型

因子分析是处理多变量数据的一种统计分析方法,其基本思想是以最少的信息丢失把众多的原始变量浓缩成少数的几个因子变量,用它们来概括和解释具有错综复杂关系的大量观测事实,从而建立起最简洁、最基本的概念系统,揭示出事物之间最本质的联系[①]。因子分析的数学模型如下:

$$\begin{cases} x_1 = a_{11}f_1 + a_{12}f_2 + \cdots + a_{1m}f_m + a_1\varepsilon_1 \\ x_2 = a_{21}f_1 + a_{22}f_2 + \cdots + a_{2m}f_m + a_2\varepsilon_2 \\ \cdots \\ x_k = a_{k1}f_1 + a_{k2}f_2 + \cdots + a_{km}f_m + a_k\varepsilon_k \end{cases} \quad (式3-1)$$

式中:$x_1, x_2, \cdots, x_k$ 表示 p 个均值为0、标准差为1的原有变量;$f_1, f_2, \cdots, f_m$ 表示 m 个因子变量,彼此两两正交;a_{ij} 为公共因子的载荷,是第 i 个变量在第 j 个因子上的负载,相当于多元回归中的标准回归系数;ε 为特殊因子,只对相应的 x_i 起作用。

上述模型也可用矩阵形式表示:

$$X = Af + a\varepsilon \quad (式3-2)$$

式中:X 为原有变量,f 为因子变量或公共因子,A 为因子载荷矩阵,a 为因子载荷,ε 为特殊因子。

矩阵

$$\begin{Bmatrix} a_{11} & a_{12} & \cdots & a_{1m} \\ a_{21} & a_{22} & \cdots & a_{2m} \\ \cdots & \cdots & \cdots & \cdots \\ a_{k1} & a_{k2} & \cdots & a_{km} \end{Bmatrix}$$

称为公共因子的负载矩阵。

由前面的假设,可以证明:

(1) a_{ij} 也是 x_i 与 f_j 的简单相关系数,由于 x_i 与 f_j 都是标准化了的(其方差均

[①] 胡永宏,贺思辉.综合评价方法[M].北京:经济科学出版社,2000.
何晓群.现代统计分析方法与应用[M].北京:中国人民大学出版社,2003.
马庆国.管理统计——数据获取、统计原理、SPSS工具与应用研究[M].北京:科学出版社,2003.
王松涛.探索性因子分析与验证性因子分析比较研究[J].兰州学刊,2006(5):155-156

为 1),所以它们间的相关系数是:

$$\frac{\text{cov}(x_i, f_j)}{\sqrt{D(x_i)}\sqrt{D(f_i)}} = \text{cov}(x_i, f_j) = \text{cov}(\sum a_{if} f_t + e_i, f_j) = a_{ij} \quad （式3-3）$$

(2) x_i 与 x_i 之间的简单相关系数,是两个变量的公共因子的对应系数的乘积之和:

$$r_{ij} = a_{i1}a_{j1} + a_{i2}a_{j2} + a_{i1}a_{j1} \cdots + a_{im}a_{jm} \quad （式3-4）$$

(3) x_i 的方差:

$$Var(x_i) = h_i^2 + Var(e_i) = 1 \quad （式3-5）$$

式中 $h_i^2 = a_{i1}^2 + a_{i2}^2 + \cdots + a_{im}^2$, h_i^2 (即负载矩阵第 i 行因素的平方和)称为公因子方差(Communality)又称公共度,或公共方差,是 x_i 的方差中,由公共因子所决定的部分。

(4) f_i 因子的贡献,是该因子在模型中的所有负载的平方和(负载矩阵第 j 列元素的平方和):

$$V_j = a_{1j}^2 + a_{2j}^2 + \cdots + a_{kj}^2 \quad （式3-6）$$

由于 x_i 已标准化了,所以 k 个变量的总方差为 k, V_j/k 表示第 j 个公共因子的贡献在所有方差中的比例。

求公共因子的核心,就是求负载矩阵(a_{ij})。

3.2.2 因子分析方法的选择

目前因子分析包括探索性因子分析(Exploratory Factor Analysis,EFA)和验证性因子分析(Confirmatory Factor Analysis,CFA)两种方法。在寻找公共因子的过程中是否利用先验信息,就产生了探索性因子分析和确定性因子分析的区别。当研究人员根据某些理论或者其他先验知识对因子可能的个数或者因子结构作出假设,并利用因子分析来检验这个假设时,就称为确定性因子分析方法;而当研究人员直接利用因子分析来确定因子的维数时,则称之为探索性因子分析方法。这也就是说探索性因子分析从数据中提取非观察性因子时,无须设定观察标识如何负载在特定因子上,而是在提取因子后,根据观察标识负载的结构来定义因子。验证性因子分析通常是对所研究的变量有一定了解的情况下进行的。

验证性因子分析(CFA)与探索性因子分析(EFA)相比较,有下列优点,第一,EFA 的所有因子之间要么全相关(或非正交),要么全不相关(或正交)。而在 CFA 中,因子间的关系可以理论或实践经验为基础进行设定,有的可以相关,有的无需相关。第二,EFA 中的观察标识负载在所有的因子上;而 CFA 中的观察标识仅与其假定要测量的因子相联系。第三，EFA不容许测量误差之间相关，而在CFA中测量误差之间则可以相关。第四，EFA传统上不能处理多组数据（multiple group date），而多组CFA（multiple group CFA）模型则有很大的应用价值。最后，协变量可以很容易的加入CFA模型来预测因子，从而将CFA模型扩展为MIMC模型（Multiple Indicators and Multiple Causes，MIMC）等。

虽然验证性因子分子（CFA）优点良多，但在事先不知道影响因素的条件下，采用验证性因子分析显然得不到需要的效果，所以探索性因子分析方法适用于事先不知道影响因素的情况下，完全依据资料数据，利用统计软件以一定的原则进行因子分析，最后找出影响观测变量的因子个数，以及各个因子和各个观测变量之间的相关程度。在进行探索性因子分析之前，我们不必知道要用几个因子，各个因子和观测变量之间的联系如何。

基于上述分析，探索性因子分析方法非常适用于在没有先验理论的情况下，通过因子载荷推断数据的因子结构，来揭示一套相对比较大的变量的内在结构。我们在研究建立面向顾客的移动商务应用分类模型时，由于没有公认的相关理论作为研究基础，因此采用探索性因子分析方法对分类模型进行构建是十分合适的。

3.2.3 探索性因子分析的研究步骤

最初，探索性因子分析方法常用于心理学、医学、社会科学等领域，但由于其在因子降维方面的优势，20世纪后半叶学者们将此方法引用到经济学、物理学、化学、生物学等其他众多领域。现在探索性因子法已经是在研究分析中很常用的研究方法。

使用探索性因子分析法进行分析研究时，一般包括收集观测变量、得出协方差矩阵（或相关系数矩阵）、确定因子个数、提取公因子、因子旋转、解释因子结构、因子得分七个步骤。对移动商务应用分类模型进行探索性因子分析，研究拟从以下八个步骤[77]展开：

1. 收集观测变量

一般进行探索性因子分析的总体比较复杂、数据量庞大，由于总体的复杂性和统计基本原理的保证，为了达到研究目的，我们通常采用抽样的方法收集数据，按照实际情况收集观测变量，并对其进行观测，获得观测值。

2. 信度与效度分析

一个良好的测量工具（量表）应具有足够的信度和效度。信度是指衡量结果的一致性或稳定性；效度则是指量表测量的结果能够真正反映调研人员所要了解对象特征的程度,也就是测量结果的准确性。

3.获得协方差矩阵(或相关系数矩阵)

所有的分析都是基于原始数据的协方差矩阵(或相关系数矩阵),这样使分析得到的数据具有可比性,因此首要根据资料数据获得变量的协方差矩阵(或相似系数矩阵)。

4.确定因子个数

如果一共有 k 个变量,研究者最多只能提取 k 个因子,为了使得到的最终模型尽量简捷,通常希望用尽可能少的因子解释尽可能多的方差。通过检验数据来确定最优因子个数的方法有很多,Kaiser 准则要求因子个数与相关系数矩阵的特征根个数相等;而 Scree 准则要求把相关系数矩阵的的特征根按从小到大的顺序排列,绘制成图,然后确定因子的个数。在本研究中,采用特征根大于 1 作为因子提取的方法来确定因子个数。

5.提取因子

因子的提取方法也有多种,主要有:主成分方法、不加权最小平方法、极大似然法等。其中主成分方法是一种比较常用的提取因子的方法,它是用变量的线性组合中能产生最大样本方差的那些组合(主成分)作为公共因子来进行因子提取的方法。主成分分析与因子分析本质上都是对数据向量精确描述的线性等价降维技术,但主成分分析既可以达到信息贡献影响力综合评价的效果,又可以达到命名清晰的综合评价效果,因此本研究在提取公共因子时,采用主成分分析方法。

6.因子旋转

由于因子载荷矩阵的不唯一性,可以对因子进行旋转。正是由于因子载荷矩阵的这一特征,使得因子结构可以向我们可以合理解释的方向趋近。因子旋转的方法也有多种,如正交旋转、斜交旋转等,在这里我们采用最常用的方差最大化正交旋转,用一个正交矩阵右乘已经得到的因子载荷矩阵,使旋转后的因子载荷矩阵结构简化。

7.解释因子结构

通过因子旋转,最后得到简化的因子结构是使每个变量仅在一个公共因子上有较大的因子载荷,而在其余公共因子上的因子载荷比较小。这样就能够知道我们所研究的这些变量到底由哪些潜在因素(公共因子)影响,以及哪些因素是主要的,哪些因素是次要的,甚至不用考虑。

8.因子得分

因子分析的数学模型是将变量表示为公共因子的线性组合,由于公共因子能反映原始变量的相关关系,因此在使用公共因子代表原始变量时,有时更利于描述研究对象的特征。所以往往需要反过来将公共因子表示为变量的线性组合,即因子得分来进一步研究问题。

SPSS、SAS、Eviews、Splus等比较主流的统计软件中均可使用EFA对数据进行处理分析,而且使用时也很简单便捷。本研究中采用SPSS统计分析软件包作为数据分析的工具,使用的软件版本为SPSS for Windows 18.0。

3.3 调查问卷的形成与修正

3.3.1 用户访谈

为了获得对调查背景的总体性认识,我们选取了20名移动核心用户进行了访谈。调查采取面对面交流的方式进行,每位用户的会谈时间限制在60分钟以内。通过访谈发现,移动通信的核心用户群体对通信技术发展和移动电话的发展,大多数持积极的态度。他们非常善于接受市场和技术的新变化,并对这种发展抱有热情。大多数人将这种技术的提高看作是对生活的改变,并且认为技术会使生活变得更轻松。

此外,通过访谈还发现人们对于技术的依赖性已经逐步体现出来,在生活质量逐步提高的同时,人们对技术的需求也会提高。随着人们生活节奏的加快和工作压力的增加,更充分地利用所有可用的时间将使人们对技术的依赖性日益增加,对新的移动娱乐服务的积极响应也反映出了对移动手持设备的购买愿望。有明确的迹象表明,对移动商务发展的兴趣将使用户接受移动商务服务,并购买手持设备。为了达到调研的目的,避免由于价格过高而导致人们根本不予考虑,本次访谈将移动商务服务和手持设备的价格假设为人们可以接受的水平,这样就可以清楚地看到人们把对移动商务的高度认可转化为购买的兴趣。超过半数的消费者声称他们一定会买一个支持移动商务的手持设备,另有1/4的人也表示出了浓厚的兴趣。各个年龄段的用户都希望移动设备具备娱乐功能。与娱乐特性相比,对信息传递功能的需求在不同年龄段的用户之间没有明显的区别。

在充分应用移动电话功能方面,核心用户群体对移动电话的功能都有很好的了解,绝大多数人都熟悉并经常使用电话簿、SMS(短消息服务)、来电转接以及呼叫等待等基本功能,但相对而言对高级移动商务应用的还不是很多。

3.3.2 调查问卷的生成与修正

在生成初始调查问卷时,为了保证量表能够真实、全面地反映所研究的问题,使实证研究更为有效,我们在参考了 3.1 中 UMTS 论坛提出的 4G 应用分类模型,CATR 提出的 4G 应用分类模型和 Pday Research 提出 4G 应用分类模型中涉及的移动商务应用模式的基础上,结合对移动核心客户的访谈结果,列出了尽可能多的应用模式作为初始题项,共生成移动商务应用题项 49 项。为了避免某些先入为主暗示的影响,各题项由计算机随机确定顺序,形成了面向顾客需求的移动商务应用调查问卷(见附录 1)。

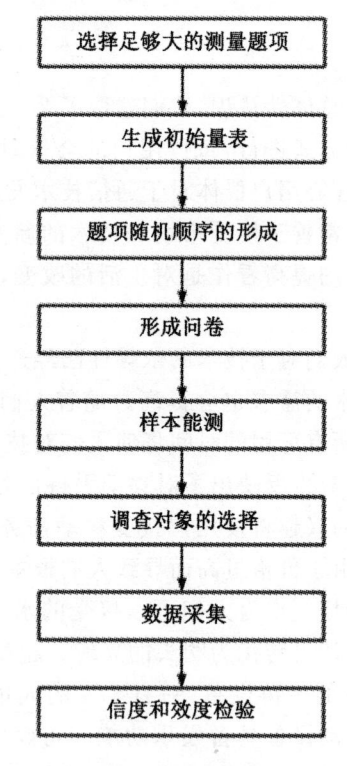

```
选择足够大的测量题项
        ↓
     生成初始量表
        ↓
   题项随机顺序的形成
        ↓
       形成问卷
        ↓
       样本能测
        ↓
    调查对象的选择
        ↓
       数据采集
        ↓
    信度和效度检验
```

图 3-2 调查问卷生成过程图

3.3.3 样本前测

为了进一步保证测量工具的有效性,在正式调查之前我们对问卷进行了前测

(prior test),前测的主要目的是通过让受测者试填问卷,对问卷的测量项目进行检验和净化。在前测阶段共发放问卷 30 份,回收有效问卷 28 份。经前测检验,测量问卷的信度(详细计算分析过程同 3.5.1 信度分析部分),说明本调查问卷具有良好的内部一致性,可以进行观测变量的收集。

3.4 抽样方法与调查对象的选择

3.4.1 抽样方法和样本容量

测量量表形成后,在进行观测变量的收集时,抽样方法的选择对调查结果的质量高低起着决定性的作用。各种抽样方法大致可以归结为两类:等概率抽样与非等概率抽样。等概率抽样包括简单随机抽样、阶段随机抽样、分层随机抽样、系统抽样、整群抽样等;非等概率抽样包括随意抽样、配额抽样、方便或偶遇抽样、立意抽样或判断抽样、雪球抽样等。

1. 简单随机抽样

简单随机抽样又称完全随机抽样,是指对总体中的样本不进行任何排序、划类、分组的完全随机抽样。它的特点是:每个样本单位被抽中的概率是相等的,样本中的每个单位是完全独立的,它们彼此之间没有排斥性和关联性。

简单随机抽样的一般做法有:抽签法、随机号码法、出生年月法等。简单随机抽样是其他各类抽样方法的基础。这种抽样方法是确保调查总体中各个单位具有相等被抽中概率的最有效途径。此外,抽样误差和抽样单位数的计算都比较简单。不过,由于该种抽样方法所需要用到的样本单位数比较多,小样本的代表性不明显,故此在实际应用中很少被直接采纳使用,仅仅是在总体单位之间差异程度较较为缓和时才会被采纳使用。

2. 阶段随机抽样

阶段随机抽样是指把从调查总体中抽取样本的过程分成两个或两个以上阶段进行的抽样方法。其抽样具体步骤为:首先,按一定标志将调查总体各单位分成若干集体,以此作为抽样的第一级单位;然后将上一步划分出来的第一级单位再按一定的标志又分成若干小集体,作为第二级单位,以此类推,还可分为第三、四级单位等等。其次,按照随机性原则,先在第一级单位中抽出一定量的单位作为第一级单位样本,然后再在第一级选中的单位中抽出第二级单位样本,以此类推,还可能抽出第三、四级单位样本等等。调查工作进行到第二级单位样本阶段,为两阶段随机抽样,进行到至第三四级单位样本阶段,为三阶段或四阶段随机抽样。普遍情况下,多阶段随机抽样能够让各种抽样方法的优点综合为一体,从而达到最小的人力、物力和财力投入以及实现最佳的抽样效果;并且,阶段随机抽样这种抽样方法对调查总体了解情况要求较不高,一般情况下只需要了解下一级单位的基本情况就可实现抽样工作的具体步骤。故此,它比较适合用于调查总体的情况复杂、单位多、范围大的调查对象。

3. 分层随机抽样

分层抽样是指先将总体各单位按照一定标准将总体分成不同的类型即分成不同的层,然后按各不同层的单位数与总体单位数所构成的比率确定来从各层中抽取样本单位的数量;最后,按照随机性原则从各层中抽取相应数量的单位构成样本。分层随机抽样科学合理的标准是该次分类或分层成功的关键,不管标准如何选择,它都要符合调查总体的实际情况。分层必须理解的要点可以归纳为:第一,层与层之间的界限必须明显,分层后每一个单位都必须归属于一定的层,不允许出现分层后某一单位无法确定归属层次或者某一单位归能够属两个或两个以上的层;第二,需要清楚的了解各层中的单位数量以及各层总体的比重;第三,不宜分出过多的层,以免使层的失去其显著的特性,不便于在每一层中抽样。提高样本的代表性是分层抽样的主要目的,这种抽样方式避免了简单随机抽样时可能出现的样本过于集中于某种特性或者完全没有某种特性样本的现象。抽样时通过分层,可以使各层中单位之间的差异度缩小,共同性增大,这样会比较容易抽出有代表性的样本。分层抽样适用于总体单位数量庞大,并且内部差异化较明显的调查对象。在样本数量相同的情况下,分层抽样比等距随机抽样和简单随机抽样的代表性都要名称现的强一些,并且抽样误差也会相较来说小一些。分层抽样也有不可避免的劣势,例如调查者必须事先了解总体各单位的情况,否则将无法对总体作出科学的分类。然而这一点又恰恰是在实际调查前所难以做到的。

4. 系统抽样

系统抽样又称机械抽样或等距抽样。系统抽样是把总体各单位按某种次序或某种特定的识别标志排列成一览表或者图形,然后按照相等的距离或间隔为原则抽取样本。它的具体做法是:首先,将总体各单位按无关标志排队进行等距抽样。对总体各个单位采用与调查内容不相关的标志进行排序,例如按照姓氏笔画、地理位置、时间顺序等排序,这一过程近似于纯随机抽样。实际中,如需要从 2 000 名职工中随机抽取 100 名职工进行健康情况调查,可以先按职工姓氏笔画进行排列,之后每间隔一定人数抽取一人作为样本。其次,有关标志排队的等距抽样。对总体单位按与调查内容有关的标志进行排列。例如,对城市居民进行的生活水平调查,就可以按家庭人均收入进行排队。实际上这种用有关标志进行排队的抽样方法类似于分类抽样。系统抽样与分类抽样法的不同是,系统抽样法是按有关标志进行排队然后按抽选距离分段进行抽样,而分类抽样法则是先分好的类型再按类型分组进行抽样。

选用等距抽样法所抽取的样本在总体中分布比较均匀,样本具有较高的代表性,并且样本在抽取时也较为方便,所以该方法是实际工作中应用较多的一种方法。当然这种方法也存在一些不可忽视的缺点,例如当抽样的起点被选中确定后,一个样本便会只有一种组合方式,当总体中的各个单位出现周期循环排列时,这种抽样方法下抽取的样本就可能产生较大偏差。

5. 整群抽样

整群抽样是以所研究对象群体为基本的抽样单位的一种抽样方法。例如,对某省的公职人员进行一项实际情况调查时,虽然所需要调查的对象是一个个具体的公职人员,但是实际抽样时却会是以地区或部门或集体单位进行抽样,所选中的地区或部门或集体单位的全部公职人员都需要纳入样本范围,继而成为被调查的对象。该种抽样方法是不需要对总体中的每个个体都进行编号的,故而在操作上比分层随机抽样和简单随机抽样等方法更为简便。虽然其抽样的精确度会略低一些,但是具有抽样简单、调查研究便利等显著优势,故而该种抽样方法是教育研究和教育调查中经常采用的一种方法。从形式上看,整群抽样、分阶段抽样和分层抽样往往都是将总体划分成几个部分,从这一点扩展来看它们之间确实具有某些方面的相似性,但也存在以下几点根本差别:第一点,整群抽样仅仅是从总体的所有群体集合中抽取一部分群体作为样本;而分层抽样则是在总体的各个层面类别中都进行随机抽样,另外分阶段抽样是以最后一个阶段所抽的对象为所需样本,其前面的各个阶段都只是过渡阶段。第二点,整群抽样对于被抽中的群体,不管它的个体是何种结构,它所包含的全部个体一律列入全面调查的对象;分层抽样则是对每一层面中的个体都进行随机抽样,随机抽出来的样本成为被调查的具体对象。无论是拥有几个阶段的分阶段抽样,其调查对象总是最后一个阶段所抽取的样本。

6. 随意抽样

随意抽样是在抽取样本的过程中,对包含有 N 个单位的总体,抽样人员按他的主观意愿,任意地抽取 n 个单位作为样本。例如在路口街头将调查对象选定为路过的行人,任意选取若干位行人进行访问调查;在商店柜台前,把购买者选定为调查对象,任意对向他们中某部分人进行市场调查等等;在车站、码头、电影院等公共场所,任意选择某些人进行调查的行为便是随意抽样的过程。由此可见,任意调查完全是根据调查者的心理意愿随意性的任意选取样本。因为随意抽样这种先天存在的抽样主观性和随意性,故而每个总体中的单位被抽到的机会是不相等的。随意抽样会增大抽样的系统误差,所抽取的样品不能够科学、合理、真实地反映产品批质量状况,不能够对产品批质量做出合格与不合格的基本判断,仅仅只能反映其所抽样品的质量信息。

7. 配额抽样

配额抽样是指根据人口普查资料等已知的数据基本情况,按照一定的比例或者标准来分配样本数额,然后由调查者根据所分配得到的样本数额在其额度内任意抽选样本。和其他非随机抽样方法相比,配额抽样法下所抽取的的样本代表性要大一些,在实际情况的反映上也更加客观一些,但其组织实施的工作量也稍大一些。配额抽样与分层随机抽样有些相似之处,例如它们都是给不同类型的调查对象分配一定的比例进行样本抽取。但配额抽样法在各层内的抽样方法则又与分层抽样法不同,分层抽样是按随机性原则进行样本抽取,而配额抽样法则是由调查者按照已分配给各类型的样本数额,对于凡符合类型特征的对象都可列为被调查者,因配额抽样法不是根据随机原则抽取样本的,所以,其调查结果不能科学地推断总体情况。

8. 偶遇抽样

偶遇抽样又称方便抽样,是一种调查者为配合研究主题而在特定的时间和特定区域的某一位置上,任意选择回答者的非概率抽样方法。偶遇抽样法适合用于一些特殊情况的调查,例如,某些时过境迁的突发性事件或现象(聚众闹事、骚乱、违章驾车等等)。通过在事发现场抽取样本询问当事者、目击者、旁观者以及来往的行人,可以了解事件发生的经过、原因以及对事件的态度和看法。为了提高该种抽样方法的准确率,通常抽样区域应选择在活动较频繁、结构较完整的社区。如果选择的"代表区"很完善,即所要抽取的人,都可能在特定时间和特定的位置上出现,其抽样效果几乎等于随机抽样。方便抽样的优点是方便简单,可以大幅度降低经费支出和时间耗费。缺点是调查人员往往选择最容易接近的人或离自己最近的的人作为问题的回答者,这样的主观意识会影响抽样的准确度,因而代表性也会比较差,甚至有时完全不具代表性。即便如此,偶遇抽样仍旧是传播研究中经常采用的一种非概率抽样方法。

9. 立意抽样

立意抽样又称判断抽样,是调查者依据其主观判断来选取样本的一种非随机抽样方法。立意抽样一般情况下是对被研究的总体先进行初步的了解,然后有意识地、主观地选取某些具有代表性的单位作为调查样本,用以了解和掌握总体的一般状况。立意抽样在我国被很多人称为典型调查。它的优势是方便、迅速、节省,劣势是其代表性和准确性全凭调查者的判断能力和专业知识而定,具有明显的主观性,在调查者能力受限的情况下,所抽取的样本很可能存在较大偏差。一般来说,立意抽样所获的样本资料是不具有推断总体的品格的。但立意抽样在某种特殊的情况下还是具有一定价值的。例如研究者根据长期的观察研究和经验而确定的与研究主题相联系的样本,不但具有意义和代表性,而且可以用于统计推断和预测。就如美国一些专门从事总统选举研究的研究人员认为,在那些多年以来一直都是大多数人投获胜总统选票的地区,对选举投票结果具有决定意义。于是美国研究者根据这样的经验判断,常常用从这些地区抽取样本来预测总统选举,并且这样的凭经验抽取的样本的预测往往可以获得较准确的结果。立意抽样的优点是:研究者能够充分利用自己的经验、技能和所具有的知识,去获得更多更准确的信息。

10. 雪球抽样

雪球抽样是当调查者无法了解总体时,先选择一组总体中熟悉的调查对象,通常是随机地选取的。通过访问这些调查对象之后,再请他们提供另外一些属于所研究的目标总体的调查对象,根据所提供的线索,选择此后的调查对象。这一过程会继续下去,形成一种滚雪球的效果。此抽样的主要目的是估计在总体中十分稀有的人物特征。例如,要研究退休老人的生活,可以到公园去结识几位散步老人,再通过他们结识其朋友,不用很久,就可以调查很多人。但是这种方法的偏误也很大,那些不爱去公园的老人,你就很难把雪球滚到他们那里去,而他们却代表着另外一种退休后的生活方式。

以上归纳的十种统计方法中,前五种是等概率抽样,后五种是非等概率抽样。两者相较而言,根据等概率抽样调查结果不仅可以推断总体参数,而且可以做出精确的抽样误差估计,具有较高的外在效度,因而具有较高的使用价值;非等概率抽样结果则不能进行精确的抽样误差计算,外在效度较低,所以不具有推断总体参数的价值,使用时应该特别谨慎。在可能的情况下,应该尽量采用等概率抽样方法,只有在受到客观条件限制,无法进行等概率抽样的情况下才采用非等概率抽样方法替代。在本研究中,我们采用等概率抽样中的简单随机抽样方法来进行观测变量的收集。

用简单随机抽样进行抽样调查,首先应建立一个抽样框,即抽样总体中所有个体的名册,然后从一个容量为的有限总体中抽取得到一个容量为的简单随机样本,使每一个容量为的可能样本,都有相同的概率被抽中。在简单随机抽样中,有两项参数非常重要,即总体均值和样本容量。

首先是总体均值的计算,在大多数的抽样调查中,总体概率分布的形式是未知的。如果选择大样本($n \geqslant 30$),则中心极限定理可以保证 $\bar{x}$ 的抽样分布近似服从正态概率分布。当 $\bar{x}$ 的抽样分布近似服从正态概率分布时,μ 的区间估计为:

$$\bar{x} \pm \mu_{a/2} \sigma_{\bar{x}} \tag{式 3-7}$$

式中 $\sigma_{\bar{x}}$ 为均值的标准差。

$1-\sigma$ 称为置信系数,$\mu_{a/2}$ 为标准正态概率分布水平 $a/2$ 的上侧分位数。

当从一个容量为 N 的有限总体中,抽取一个容量为 N 的简单随机样本时,均值的标准差的估计值为:

$$s_{\bar{x}} = \sqrt{\frac{N-n}{N-1}} \left(\frac{s}{\sqrt{n}}\right) \tag{式 3-8}$$

这时,总体均值的区间估计为:

$$\bar{x} \pm \mu_{a/2} S_{\bar{x}} \tag{式 3-9}$$

在抽样调查中,当构造置信区间时,通常取 $\mu = 2$。因此,在使用简单随机样本时,总体均值的近似 95% 的置信区间的表达式如下:

$$\bar{x} \pm 2S_{\bar{x}} \tag{式 3-10}$$

然后是样本容量的确定,在抽样设计中,样本容量的选择是一个重要的问题,通常最好的选择需要对经费和精度进行权衡。较大的样本可以提供较高的精度(允许误差较小),但费用较多。通常,研究的预算将决定样本容量的大小。对其他情况,样本容量应该选取足够大来满足规定的精度水平。选择样本容量的方法是首先规定所需要的精度,然后确定满足精度的最小的样本容量。这里,精度涉及近似置信区间的大小,较小的置信区间可以提供较高的精度。因此,近似置信区间的大小依赖于允许误差 B,即选择精度水平相当于选择 B 的值。

允许误差 B 可由下式计算得出:

$$B = 2\sqrt{\frac{N-n}{N-1}}(\frac{s}{\sqrt{n}}) \qquad \text{(式 3-11)}$$

则样本容量为：

$$n = \frac{Ns^2}{N(\frac{B^2}{4})+s^2} \qquad \text{(式 3-12)}$$

根据式 3-12 确定 n 值时，除了规定所需要的允许误差之外，还必须知道样本方差 s^2。通常估计样本方差 s^2 的方法如下：

(1)用两步抽样：由第一步抽取的部分单位，得到 s^2 的估计值，将此值代入式 3-12，确定出全部样本容量 n；然后对第一步确定的全部样本容量，再抽取第二步所需要的其余单位数。

(2)用试点调查或事先检验的结果估计 s^2。

(3)根据以往的资料估计 s^2。

通过上述方法估计，结合以往的研究经验，我们确定抽样样本容量达到 200 以上即可满足研究精度的要求。

3.4.2 调查对象的选择

由于研究经费的限制，我们无法对所有用户进行大规模的抽样调查，为尽可能准确的获得面向顾客需求的移动商务应用调查的统计数据，我们参考了现有 4G 服务调研报告的研究成果[80]。该研究表明，18～25 岁和 26～35 岁年龄段的用户是潜在 4G 移动商务用户的主要消费主体；学历越高的用户对移动技术和移动业务的依赖程度越高；在目前的移动高端用户中，企业管理人员和公司职员是主要的使用群体，在未来的 4G 移动商务用户中，他们将同样占据主要的市场份额。具体的分布情况如图 3-3、图 3-4 和图 3-5 所示：即 18～35 岁年龄段，大专以上学历，企业人员和学生将是未来 4G 移动商务市场构成的中坚力量。

根据上述思路，我们委托中国移动通信集团河南有限公司郑州分公司客户服务中心在办理移动业务的客户中，随机抽选了 286 名满足年龄在 18～35 岁之间，大专以上学历，企业人员或学生身份的中国移动手机用户作为调查对象。在调查阶段，共发放纸质调查问卷 286 份，回收 284 份，除去填答问卷缺漏者，以及受测者未认真填写问卷的情况，最终共获得有效问卷 253 份。

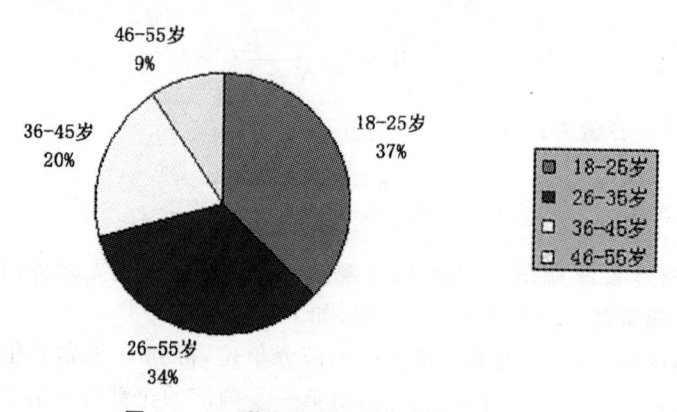

图 3-3　4G 潜在用户年龄分布图

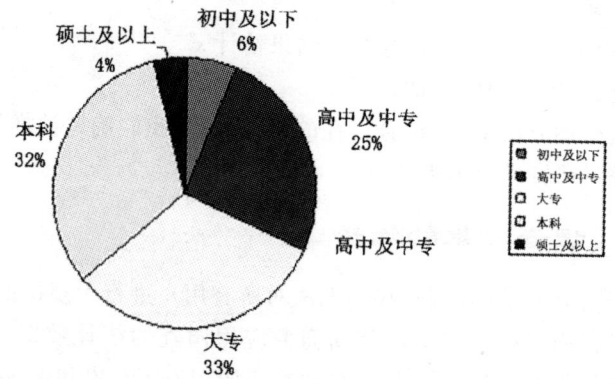

图 3-4　4G 潜在用户学历分布图

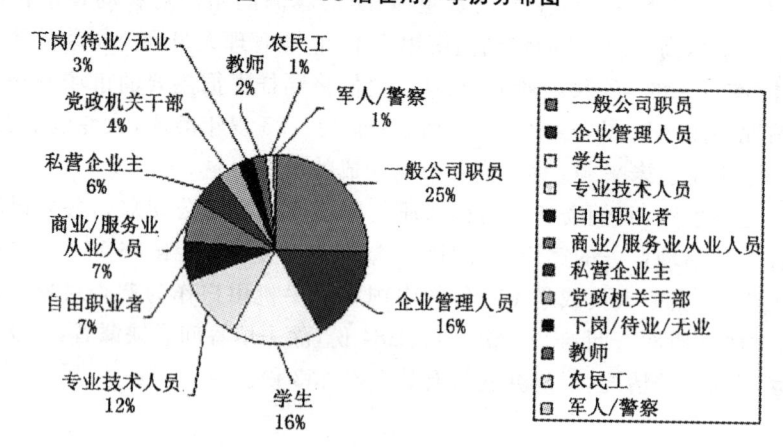

图 3-5　4G 潜在用户职业分布图

3.5 信度和效度分析

一个良好的测量工具(量表)应具有足够的效度和信度。信度是指衡量结果的一致性或稳定性;效度是指量表测量的结果能够真正反映调研人员所要了解对象特征的程度,也就是测量结果的准确性。

3.5.1 信度分析

信度(Reliability)即可靠性,是指一个测量的正确性或精确性,包括稳定性以及一致性。一般在信度测量时容易产生误差的原因来自研究者的因素包括测量内容(遣词用句、问题形式等)不当、情境(时间长短、气氛、前言说明等)以及研究者本身的疏忽(听错、记错等);而来自受访者的因素则可能是由于其个性、年龄、教育程度、社会阶层及其它心理因素等,从而影响其答题的正确性。

目前检验信度的方法主要有以下四种:

(1)再测法(Retest Method):使用同一份问卷,对同一群受测者,在不同的时间,前后测试两次,求出者两次分数的相关系数,此系数又称为稳定系数(Coefficient of Stability)。

(2)复本相关法(Equivalent-Forms Method):复本是内容相似、难易度相当的两份测验,对同一群受测者,第一次用甲份测试,第二次使用乙份测试,两份分数的相关系数即复本系数(Coefficient of Forms)或等值系数(Coefficient of Equivalence)。若两份测验不是同时实施,也可相距一段时间再施测,这样算出的相关系数为稳定和等值系数。

(3)折半法(Split Half Method):与复本相关法很类似,折半法是在同一时间施测,最好能对两半问题的内容性质、难易度加以考虑,使两半的问题尽可能具有一致性。

(4)Cronbach系数(Cronbach α):1951年Cronbach提出α系数,克服了部分折半法的缺点,为目前社会科学研究最常使用的信度系数。本书亦采用Cronbach α系数方法进行信度分析。其公式如下:

$$\alpha = \frac{K}{K-1}(1-\sum \frac{S_i^2}{S^2}) \qquad (式3-7)$$

其中,K为量表中题项的总数,S_i^2为第i项得分的题内方差,S^2为全部题项总得分的方差。从公式中可以看出,Cronbach α系数评价的是量表中各题项得分间的一致性,属于内在一致性系数。这种方法适用于态度、意见式问卷(量表)的信度分析。问卷的内部相关信度是看 Cronbach α 系数大小而定(Peterson,1994),Cronbach α 值越大表示信度越高,具体对应关系见表 3-6。

经 SPSS13.0 计算,Cronbach α =0.944,说明本问卷的调研结果十分可信,适合作为下一步研究的基础。

表 3-6　Cronbach α 系数与可信度对照表

Cronbach α 系数	可信度
α＜0.3	不可信
0.3≤α＜0.4	勉强可信
0.4≤α＜0.5	可信
0.5≤α＜0.7	很可信(最常见)
0.7≤α＜0.9	很可信(次常见)
0.9≤α	十分可信

3.5.2　效度分析

效度(Validity)即有效性,它是指测量工具或手段能够准确测出所需测量事物的程度。对效度的定义可作如下理解:

首先,任何一种测验只是对一定目的来说才是有效的;

其次,测验的效度是对测量结果而言的,即一种测量工具只有经过实际测量,才能根据测量结果判断它的效度;

再次,测验的效度是相对的而非绝对的。测验是根据行为样本,对所要测量的心理特性作间接推断,只能达到某种程度的准确性,而没有全有、全无的差别。

效度主要分为三种类型:内容效度(content validity)、准则效度(criterion-related validity)和结构效度(construct validity)。

1. 内容效度

内容效度是指量表涵盖研究主题的程度,为了获得足够的内容效度,要特别注意设计量表时应遵循的程序和规则。在估计内容效度时,可以采用专家进行逻辑分析的方法,即邀请有关专家对测验题目与原来的内容范围是否符合进行分析,作出判断,看测验题目是否较好地代表了原来的内容。

本问卷题项的生成是在文献研究和访谈的基础上得出的,为使问卷内容更具完整性且题意清楚明了,在问卷题项生成后,邀请了5位河南省移动公司4G测试组成员参与并向其解释每一题项含义,根据他们的意见,对初始题项不明确的地方进行了相应的修改说明。

2. 准则效度

准则效度又称为效标效度或预测效度。准则效度分析是根据已经得到确定的某种理论选择一种指标或测量工具作为准则(效标),分析问卷题项与准则的联系。若二者相关显著,或者问卷题项对准则的不同取值、特性表现出显著差异,则为有效的题项。评价准则效度的方法是相关分析或差异显著性检验。在调查问卷的效度检验中,判断一个什么样的准则是合适的往往十分困难。

3. 结构效度

结构效度是指测量结果体现出来的某种结构与测量值之间的对应程度。有学者认为(Kerlinger, 1986),效度分析最理想的方法是利用因子分析测量量表或整个问卷的结构效度。因子分析的主要功能是从量表全部变量(题项)中提取一些公因子,各公因子分别与某一群特定变量高度关联,这些公因子即代表了量表的基本结构。通过因子分析可以考察问卷是否能够测量出研究者设计问卷时假设的某种结构。在因子分析的结果中,用于评价结构效度的主要指标有累积贡献率、共同度和因子负荷。累积贡献率反映公因子对量表或问卷的累积有效程度,共同度反映由公因子解释原变量的有效程度,而因子负荷则反映原变量与某个公因子的相关程度。

在进行因子分析之前,需要使用KMO(Kaiser-Meryer-Olkin measure of sampling adequacy)用于测度样本的充足度。KMO的统计值一般介于0和1之间,若该统计值在0.5和1之间表明可以进行因子分析,越接近1就越适合。经计算,本研究样本的KMO值为0.677>0.5,表明样本充足,可以采用因子分析进行结构效度的验证。Bartlett统计指标用于检验相关矩阵是不是单位矩阵,卡方检验结果表明,相关矩阵不是单位矩阵,可以考虑进行因子分析(见表3-7)。

表3-7 KMO and Bartlett's 检验

Kaiser-Meyer-Olkin Measure of Sampling Adequacy.		.677
Bartlett's Test of Sphericity	Approx. Chi-Square	3047.131
	df	1176
	Sig.	.000

基于 3.2.3 的说明,本研究采用特征根大于 1 作为因子提取的标准,使用主成分分析法提取公因子,共提取公共因子 13 个(见附录 2)。由于在同一构面中,因子负荷值越大(通常取 0.6 以上)[①],表示收敛效度越高,因此每一个项目只能在其所属的构面中出现一个大于 0.6 以上的因子负荷值。使用 SPSS13.0 软件对样本进行计算,得到因子载荷的方差最大化正交旋转相关系数矩阵,删除因子载荷<0.6 的题项和交叉因子载荷>0.6 的题项,来修正量表题项的结构效度。在该次检验中,Q2、Q3、Q5、Q7、Q9、Q10、Q18、Q19、Q21、Q24、Q28、Q30、Q31、Q32、Q35、Q39、Q40、Q41、Q44、Q45、Q46 共 21 个题项被删除,剩余题项 28 个,详见表 3-8。

表 3-8　正交旋转最大化因子载荷矩阵

	Component												
	1	2	3	4	5	6	7	8	9	10	11	12	13
Q1	0.107	0.127	−0.031	−0.023	0.011	0.076	0.102	−0.203	0.801	0.123	−0.177	−0.042	0.010
Q2	−0.028	−0.045	−0.036	0.237	0.083	0.091	−0.233	−0.088	0.161	0.198	−0.021	0.217	−0.655
Q3	0.292	0.193	−0.070	0.038	0.241	0.238	−0.133	0.477	0.052	−0.384	0.038	−0.040	0.100
Q4	0.058	0.151	0.222	0.070	−0.113	0.251	−0.057	0.233	0.722	−0.017	0.170	0.082	−0.114
Q5	0.454	−0.133	0.288	0.151	0.243	−0.095	0.203	0.191	0.178	0.202	−0.362	0.194	0.017
Q6	0.149	0.066	0.060	−0.052	0.363	0.192	−0.216	0.022	0.198	0.184	0.197	0.202	0.646
Q7	0.279	0.040	0.142	0.328	0.084	−0.148	0.047	0.304	0.575	−0.051	0.261	0.152	0.061
Q8	0.148	0.153	0.142	0.136	0.085	0.099	0.207	0.774	0.032	0.098	0.035	0.060	0.027
Q9	0.212	0.192	0.480	−0.074	−0.081	0.102	0.206	0.427	0.022	0.081	−0.037	0.407	−0.163
Q10	0.079	−0.054	0.086	0.112	0.584	0.183	0.050	0.022	0.006	0.029	−0.067	0.533	0.148
Q11	0.161	0.131	0.038	0.760	0.161	−0.019	0.031	0.161	0.006	0.049	−0.050	0.138	−0.177
Q12	0.232	0.011	−0.080	0.326	0.607	0.231	−0.060	−0.221	−0.015	0.064	0.139	−0.009	−0.103
Q13	0.127	0.080	0.839	0.000	0.007	−0.063	0.043	0.068	0.174	0.060	0.028	0.113	−0.069
Q14	0.257	0.149	0.601	0.109	−0.009	0.175	0.009	0.326	0.350	0.021	0.124	0.048	0.058
Q15	0.168	0.077	0.617	0.388	0.014	0.359	0.025	−0.053	−0.047	0.045	0.072	−0.066	0.093
Q16	0.091	0.020	0.246	0.809	−0.007	0.086	0.047	−0.054	0.070	0.034	0.167	0.038	0.046
Q17	0.045	0.134	0.109	0.416	0.030	0.013	0.048	0.123	0.094	−0.025	0.024	0.668	−0.144
Q18	−0.087	0.396	−0.150	0.351	0.247	0.051	−0.081	0.332	−0.070	0.300	−0.083	0.273	0.319
Q19	0.357	0.456	0.047	0.242	−0.019	0.235	−0.379	0.069	−0.036	0.231	0.017	0.306	0.034

---

① Wei Huang, Runxiao Wang. An Empirical Investigation: Exploring Customer Perception of Mobile−commerce in China. Wicom2007, IEEE, 2007.9.

第三章 面向顾客需求的移动商务应用研究

续表

	Component											
Q20	0.128	0.193	0.052	0.101	0.094	0.782	0.200	0.047	0.162	0.059	0.165	0.113	0.008
Q21	0.087	0.216	−0.129	0.175	0.355	0.600	0.150	0.046	0.026	−0.142	0.047	0.271	0.088
Q22	0.077	0.062	0.266	−0.014	0.214	0.715	0.087	0.201	0.095	0.226	0.053	−0.009	−0.072
Q23	0.679	0.029	0.257	0.275	0.242	0.181	−0.029	0.163	−0.045	0.177	0.012	0.003	0.153
Q24	0.449	0.163	0.210	0.261	0.218	0.199	−0.091	0.415	0.095	0.163	−0.081	0.007	0.240
Q25	0.723	0.218	0.340	0.112	0.147	0.108	0.003	0.250	0.115	0.106	0.021	−0.074	0.119
Q26	0.859	0.052	0.071	0.020	0.133	−0.028	0.158	0.037	0.115	−0.032	0.015	0.009	−0.064
Q27	0.890	0.015	0.009	0.020	0.036	0.041	0.072	−0.001	0.056	−0.101	0.115	0.099	−0.051
Q28	0.562	0.226	0.297	0.057	−0.129	0.138	0.519	0.092	0.064	−0.069	−0.028	−0.028	−0.023
Q29	0.191	0.113	0.135	0.032	0.048	0.183	0.692	0.162	−0.020	0.014	0.159	0.164	−0.027
Q30	−0.006	0.231	0.108	0.254	0.108	0.117	0.573	0.138	0.385	0.185	−0.310	0.221	−0.043
Q31	0.010	0.149	0.036	0.316	0.311	0.364	0.549	−0.013	0.085	0.107	0.235	−0.001	0.161
Q32	−0.155	−0.042	0.117	0.264	0.243	0.373	0.207	0.149	−0.035	0.269	0.571	0.089	−0.044
Q33	0.192	0.068	0.173	0.238	0.219	0.104	0.061	0.030	0.031	0.102	0.765	0.085	0.126
Q34	0.119	0.085	−0.101	0.672	0.152	0.132	0.202	0.153	0.077	0.339	0.208	0.054	−0.137
Q35	−0.021	0.141	−0.214	0.238	0.257	0.243	0.092	0.011	0.198	0.551	0.398	0.256	0.055
Q36	0.060	0.351	0.214	0.275	0.091	0.102	−0.005	0.119	0.048	0.682	0.101	0.080	−0.073
Q37	0.228	0.001	0.603	0.147	0.048	−0.072	0.443	−0.023	−0.251	−0.021	−0.011	0.110	0.160
Q38	0.105	0.638	0.319	0.278	−0.074	0.194	0.261	0.025	0.135	0.020	0.077	0.188	0.072
Q39	−0.088	0.527	0.368	0.480	−0.030	0.193	0.204	0.026	0.136	−0.003	0.118	0.028	0.167
Q40	0.367	0.412	0.018	0.120	−0.068	0.158	0.436	−0.049	0.033	0.333	0.014	−0.033	0.125
Q41	0.109	0.185	0.477	0.259	0.506	0.120	0.095	0.269	−0.105	0.159	0.191	−0.028	0.069
Q42	0.203	0.277	0.131	0.069	0.630	0.039	0.126	0.298	−0.113	0.060	0.092	−0.028	0.170
Q43	0.089	0.353	−0.080	−0.045	0.742	0.207	0.072	0.126	0.061	0.032	0.184	0.109	−0.065
Q44	0.151	0.264	0.431	−0.081	0.159	0.191	0.361	−0.095	0.257	−0.165	0.324	0.065	−0.206
Q45	0.170	0.460	0.100	−0.065	0.371	−0.001	−0.025	0.339	0.107	0.131	0.082	0.260	−0.187
Q46	0.305	0.401	0.153	−0.048	0.270	0.199	0.100	0.160	0.245	0.409	0.108	0.029	−0.404
Q47	0.006	0.796	0.069	0.030	0.271	−0.042	0.090	0.144	0.133	0.170	0.075	0.045	−0.018
Q48	0.135	0.819	0.034	0.042	0.181	0.188	0.111	0.097	0.070	0.008	−0.054	−0.007	0.024
Q49	−0.047	0.137	0.119	−0.105	0.142	0.195	0.262	−0.059	0.021	0.284	0.303	0.604	0.024

Extraction Method: Principal Component Analysis. Rotation Method: Varimax with Kaiser Normalization.

3.6 因子提取

在进行因子提取之前，仍旧需要进行 KMO 检验和 Bartlett 检验。将净化过的量表数据输入，经 SPSS13.0 计算，KMO 值由 0.677 上升为 0.718，Bartlett 球形检验的卡方统计值为 1261.689，经过效度检验修正之后，两项指标均有不同程度的改善（见表 3-9），综合上述两项统计指标的检验，表明量表数据适合使用探索性因子分析方法探索消费者对移动商务应用的需求分类模型。

表 3-9 KMO and Bartlett's 检验

Kaiser—Meyer—Olkin Measure of Sampling Adequacy.		0.718
Bartlett's Test of Sphericity	Approx. Chi—Square	1261.689
	df	378
	Sig.	.000

从表 3-10 公因子方差比（Communalities）中可以观察得出提取公因子后，原变量方差中由公因子决定的比例均在下限值 0.4 以上，且大部分在 0.7 以上，可以认为数据表明 28 个因素间有公共因子存在。

表 3-10 原始数据公因子方差比

因素	初始值	共同度	因素	初始值	共同度
Q1	1.000	0.706	Q17	1.000	0.575
Q4	1.000	0.708	Q20	1.000	0.755
Q6	1.000	0.609	Q22	1.000	0.738
Q8	1.000	0.572	Q23	1.000	0.762
Q11	1.000	0.718	Q25	1.000	0.798
Q12	1.000	0.655	Q26	1.000	0.871
Q13	1.000	0.754	Q27	1.000	0.828
Q14	1.000	0.765	Q29	1.000	0.710
Q15	1.000	0.638	Q33	1.000	0.592
Q16	1.000	0.709	Q34	1.000	0.762

经计算得到原始数据的相关关系矩阵，选取特征根>1作为公因子的提取标准，进

行公共因子的提取。在这一步共提取8个公共因子,累计解释总方差的70.54%。

表 3-11 总方差解释表

因素	初始特征根			提取平方载荷总和			旋转平方载荷总和		
	特征根	方差贡献率%	累计贡献率%	特征根	方差贡献率%	累计贡献率%	特征根	方差贡献率%	累计贡献率%
1	8.024	28.656	28.656	8.024	28.656	28.656	3.024	10.801	10.801
2	2.365	8.447	37.103	2.365	8.447	37.103	3.000	10.713	21.514
3	2.089	7.459	44.562	2.089	7.459	44.562	2.943	10.510	32.024
4	1.991	7.111	51.673	1.991	7.111	51.673	2.901	10.362	42.386
5	1.566	5.593	57.265	1.566	5.593	57.265	2.320	8.284	50.670
6	1.495	5.339	62.605	1.495	5.339	62.605	2.195	7.840	58.511
7	1.173	4.189	66.794	1.173	4.189	66.794	1.708	6.100	64.610
8	1.049	3.747	70.540	1.049	3.747	70.540	1.660	5.930	70.540
9	.925	3.304	73.844						
10	.839	2.995	76.840						
11	.821	2.934	79.773						
12	.714	2.550	82.324						
13	.621	2.216	84.540						
14	.608	2.170	86.710						
15	.539	1.925	88.635						
16	.515	1.841	90.476						
17	.423	1.512	91.987						
18	.375	1.340	93.327						
19	.317	1.131	94.459						
20	.282	1.007	95.465						
21	.241	.861	96.327						
22	.207	.740	97.066						
23	.188	.671	97.738						

续表

因素	初始特征根			提取平方载荷总和			旋转平方载荷总和		
	特征根	方差贡献率%	累计贡献率%	特征根	方差贡献率%	累计贡献率%	特征根	方差贡献率%	累计贡献率%
24	.181	.646	98.384						
25	.144	.515	98.899						
26	.127	.453	99.352						
27	.108	.385	99.737						
28	.074	.263	100.000						

Extraction Method: Principal Component Analysis.

根据3.4.2节中已经阐明的规则,为明确各公共因子的含义,对初始因子负荷矩阵采用方差最大法(Varimax)做正交旋转,得到正交因子负荷矩阵(Rotated Component Matrix),删除因子载荷<0.6的题项和交叉因子载荷>0.6的题项,并将在同一因子层面上的题项归并在同一公共因子下,结果详见表3-12。在这一步,又将Q8、Q17、Q33、Q36、Q37、Q38、Q42、Q43这8个题项删除。

表3-12 方差最大化因子载荷矩阵

	正交因子负荷矩阵							
	公共因子							
	f7	f5	f1	f4	f6	f2	f3	f8
Q1	0.813	−0.024	−0.005	0.007	0.012	0.162	0.101	0.094
Q4	0.664	−0.006	0.121	0.286	0.387	0.044	0.137	−0.014
Q6	0.101	0.718	−0.115	0.178	0.134	0.059	0.127	−0.031
Q12	−0.061	0.676	0.343	−0.184	0.051	0.189	0.024	0.066
Q11	−0.036	0.026	0.800	0.082	−0.039	0.163	0.198	−0.043
Q16	−0.003	0.091	0.770	0.301	0.087	0.038	−0.076	0.056
Q34	0.026	0.085	0.799	−0.085	0.242	0.109	0.157	0.118
Q13	0.102	−0.007	−0.003	0.822	−0.037	0.128	0.099	0.200
Q14	0.227	0.093	0.095	0.746	0.241	0.196	0.205	−0.014

续表

公共因子	正交因子负荷矩阵							
	f7	f5	f1	f4	f6	f2	f3	f8
Q15	−0.036	0.189	0.375	0.625	0.251	0.082	−0.002	−0.003
Q20	0.196	0.235	0.157	0.048	0.759	0.092	0.124	0.188
Q22	0.121	0.296	0.092	0.167	0.758	0.037	0.119	0.094
Q23	−0.065	0.313	0.323	0.311	0.162	0.640	0.105	−0.113
Q25	0.096	0.203	0.156	0.413	0.111	0.672	0.287	−0.079
Q26	0.076	0.066	0.044	0.100	0.038	0.916	0.074	0.056
Q27	0.079	0.076	0.064	0.047	0.063	0.894	−0.009	0.076
Q47	0.118	0.111	0.102	0.098	0.007	0.003	0.883	0.125
Q48	0.106	0.069	0.077	0.073	0.134	0.096	0.838	0.043
Q49	0.056	0.271	0.023	0.119	0.122	−0.084	0.137	0.753
Q29	−0.249	−0.131	0.010	0.159	0.476	0.269	0.187	0.621
Q8	−0.154	−0.108	0.198	0.225	0.456	0.202	0.436	−0.089
Q17	0.131	−0.030	0.501	0.070	0.017	0.061	0.092	0.537
Q33	−0.052	0.553	0.275	0.277	0.141	0.111	0.021	0.313
Q36	0.131	0.219	0.439	0.191	0.120	−0.022	0.406	0.166
Q37	−0.414	−0.101	0.130	0.571	0.065	0.279	0.044	0.240
Q38	0.177	−0.016	0.307	0.342	0.196	0.076	0.484	0.367
Q42	−0.307	0.464	0.061	0.081	0.222	0.249	0.494	0.036
Q43	−0.024	0.541	0.027	−0.209	0.216	0.173	0.519	0.209

Extraction Method: Principal Component Analysis. Rotation Method: Varimax with Kaiser Normalization. a Rotation converged in 7 iterations.

图 3-6 碎石图横轴表示因子序号,纵轴表示特征根的大小,用于显示各因子的重要程度。它将因子按特征根从大到小依次排列,从中也可以非常直观的看到选取 8 个公共因子是比较合适的。

图 3-6 碎石图

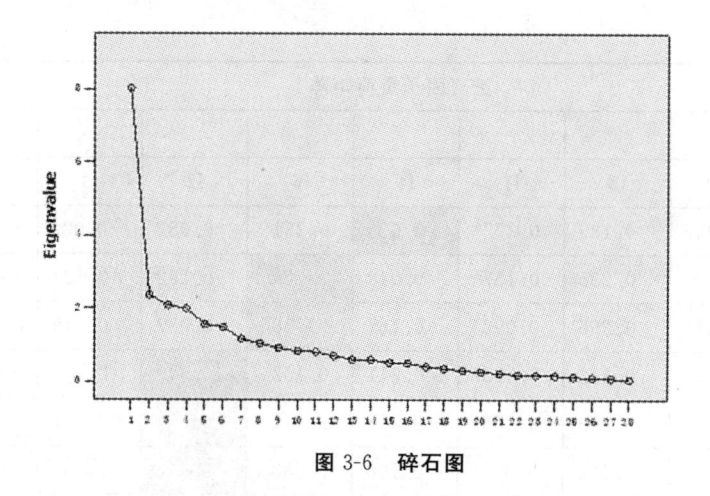

3.7 面向顾客需求的移动商务应用模型

3.7.1 面向顾客需求的移动商务应用模型

通过主成分提取公共因子,并对公共因子归纳总结、赋予含意,得到各主成分与各应用模式间的关系,采用调查数据的实证分析,可以从顾客需求角度将各移动商务应用归结为小额支付、商务信息、移动博彩、移动办公、多媒体交互、手机阅读、移动金融、4G 特色业务 8 类,如表 3-13 所示。

表 3-13 主成分提取与题项间的关系

主成分序号	公因子	包含应用模式	应用分类
3	f1	Q11、Q16、Q34	小额支付
6	f2	Q23、Q25、Q26、Q27	商务信息
7	f3	Q47、Q48	移动博彩
4	f4	Q13、Q14、Q15	移动办公
2	f5	Q6、Q12	多媒体交互
5	f6	Q20、Q22	手机阅读
1	f7	Q1、Q4	移动金融
8	f8	Q29、Q49	4G 特色业务

第三章　面向顾客需求的移动商务应用研究

根据主成分的提取和各题项的具体应用模式之间的相互关系,我们提出了一种全新的移动商务应用分类模型,由于它来源于对顾客需求实际调查数据的实证分析,因此将其命名为面向顾客需求的移动商务应用分类模型(见图3-7)。

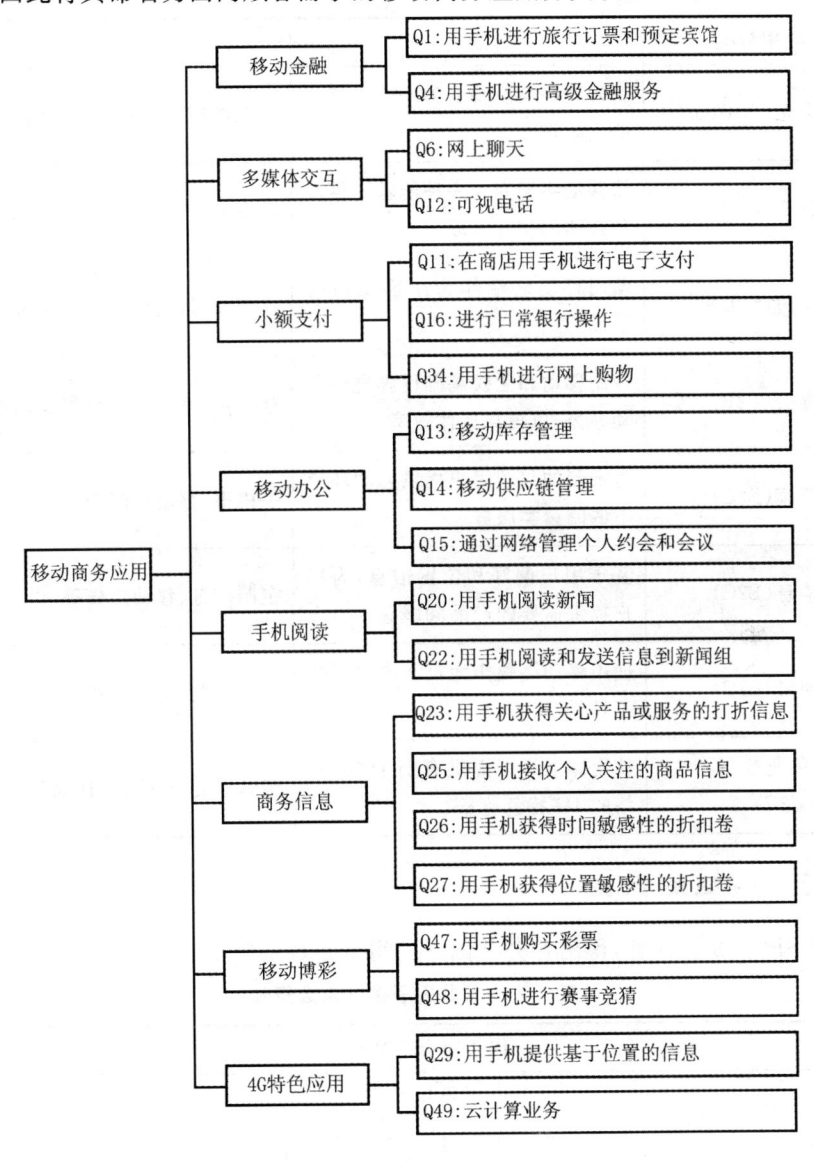

移动商务应用
- 移动金融
  - Q1:用手机进行旅行订票和预定宾馆
  - Q4:用手机进行高级金融服务
- 多媒体交互
  - Q6:网上聊天
  - Q12:可视电话
- 小额支付
  - Q11:在商店用手机进行电子支付
  - Q16:进行日常银行操作
  - Q34:用手机进行网上购物
- 移动办公
  - Q13:移动库存管理
  - Q14:移动供应链管理
  - Q15:通过网络管理个人约会和会议
- 手机阅读
  - Q20:用手机阅读新闻
  - Q22:用手机阅读和发送信息到新闻组
- 商务信息
  - Q23:用手机获得关心产品或服务的打折信息
  - Q25:用手机接收个人关注的商品信息
  - Q26:用手机获得时间敏感性的折扣卷
  - Q27:用手机获得位置敏感性的折扣卷
- 移动博彩
  - Q47:用手机购买彩票
  - Q48:用手机进行赛事竞猜
- 4G特色应用
  - Q29:用手机提供基于位置的信息
  - Q49:云计算业务

图3-7　移动商务应用分类模型

对面向顾客需求的移动商务应用分类模型进一步的描述和详细说明请参看表 3-14。

表 3-14 移动商务应用分类模型

应用分类	描述	举例
移动金融(B2B,B2C)	将移动终端设备变为一个强有力的金融媒介	移动银行、网络订票、网络订房等
多媒体交互(C2C)	将移动终端变为一种能够提供多种媒体的交互手段	可视电话、网上聊天、飞信等
小额支付(B2C)	使用移动终端作为小额支付的手段	自动售货机付款、电子支付等
移动办公(B2B,B2C)	使用移动和无线基础设施进行移动办公,以提高运作效率	移动供应链、网络日程管理等
手机阅读(B2C)	为定制的移动用户提供移动环境下的阅读类服务	手机报、移动新闻等
商务信息(B2C)	基于用户偏好和位置信息,为用户提供需要的产品和服务	定制信息、移动广告等
移动博彩(B2C)	使用移动终端作为投注或博彩的工具	移动彩票、赛事竞猜等
4G 特色业务(B2C,C2C)	使用移动终端提供有别于 3G 网络的 4G 特色业务	服务导航、定位、云计算等

3.7.2 模型的讨论

经 SPSS13.0 计算,得出各公共因子的得分系数矩阵如表 3-15 所示。

表 3-15 公共因子得分系数矩阵

因子得分系数矩阵								
公共因子								
	1	2	3	4	5	6	7	8
Q1	−0.020	0.088	−0.009	−0.057	−0.020	−0.088	0.497	0.086

续表

因子得分系数矩阵								
公共因子								
Q4	0.005	−0.037	−0.032	0.054	−0.052	0.176	0.361	−0.094
Q6	−0.127	−0.072	−0.030	0.109	0.410	−0.051	0.061	−0.087
Q8	0.028	0.014	0.161	0.002	−0.199	0.282	−0.164	−0.196
Q11	0.340	0.009	0.058	−0.047	−0.060	−0.108	−0.026	−0.115
Q12	0.108	0.027	−0.084	−0.120	0.337	−0.079	−0.010	0.004
Q13	−0.098	−0.043	−0.007	0.377	0.019	−0.181	0.041	0.100
Q14	−0.059	−0.043	0.011	0.301	0.022	0.018	0.092	−0.117
Q15	0.085	−0.096	−0.093	0.251	0.075	0.061	−0.053	−0.120
Q16	0.307	−0.069	−0.114	0.072	0.009	−0.026	−0.007	−0.051
Q17	0.168	0.020	−0.044	−0.067	−0.084	−0.117	0.084	0.365
Q20	−0.015	−0.020	−0.099	−0.107	−0.010	0.455	0.062	0.010
Q22	−0.048	−0.069	−0.092	−0.021	0.045	0.455	0.012	−0.073
Q23	0.061	0.182	−0.042	0.045	0.089	−0.003	−0.049	−0.153
Q25	−0.026	0.200	0.057	0.092	0.030	−0.070	0.038	−0.121
Q26	−0.050	0.392	−0.034	−0.087	−0.059	−0.058	0.055	0.066
Q27	−0.035	0.391	−0.080	−0.114	−0.052	−0.027	0.061	0.088
Q29	−0.095	0.107	−0.011	−0.061	−0.221	0.271	−0.198	0.325
Q33	0.023	−0.045	−0.119	0.091	0.276	−0.076	−0.027	0.158
Q34	0.326	0.001	−0.015	−0.167	−0.074	0.093	0.000	−0.016
Q36	0.129	−0.093	0.116	0.027	0.053	−0.075	0.055	0.011
Q37	−0.026	0.053	−0.019	0.217	−0.103	−0.028	−0.274	0.132
Q38	0.041	−0.036	0.142	0.059	−0.107	−0.038	0.064	0.167
Q42	−0.063	0.018	0.169	−0.011	0.158	0.028	−0.216	−0.076
Q43	−0.069	0.030	0.158	−0.160	0.197	0.002	−0.030	0.078

续表

	因子得分系数矩阵							
	公共因子							
Q47	−0.024	−0.063	0.403	0.000	−0.025	−0.168	0.028	−0.010
Q48	−0.033	−0.019	0.375	−0.032	−0.071	−0.047	0.012	−0.076
Q49	−0.090	−0.053	−0.053	0.007	0.109	−0.089	0.034	0.528

因此，在3.2.1节中式3-1假设的因子模型可得到以下的因子得分函数的形式：

$$\begin{cases} x_1 = -0.02f_1 + 0.088f_2 - 0.009f_3 - 0.057f_4 - 0.002f_5 + \\ \quad\quad 0.088f_6 + 0.497f_7 + 0.086f_8 \cdots\cdots \\ x_4 = 0.005f_1 - 0.037f_2 - 0.032f_3 + 0.054f_4 - 0.052f_5 + \\ \quad\quad 0.176f_6 + 0.361f_7 - 0.094f_8 \\ \cdots \\ x_{49} = -0.09f_1 - 0.053f_2 - 0.053f_3 + 0.007f_4 + 0.109f_5 - \\ \quad\quad 0.089f_6 + 0.034f_7 + 0.528f_8 \end{cases} \quad (式3\text{-}8)$$

在因子分析基础上，对上述研究进行综合评价，以选定的8个公共因子的方差贡献率作为权数，可以将原问题化简为以下形式：

$$F = 0.10801f_1 + 0.10713f_2 + 0.10510f_3 + 0.10362f_4 + 0.08284f_5 + 0.0784f_6 + 0.061f_7 + 0.0593f_8 \quad (式3\text{-}9)$$

各种移动商务应用模式在旋转空间上分布的散点图如图3-8所示。通过探索性因子分析，本研究在初始量表的49种4G移动商务应用模式中，从顾客需求角度出发，通过信度和效度分析筛选出了最为顾客青睐的20种移动商务应用模式，并进一步将其归结为移动金融、多媒体交互、小额支付、移动办公、手机阅读、商务信息、移动博彩、4G特色业务等8类关键业务，从而提出了一种全新的面向顾客需求的移动商务应用分类模型。相对而言，移动金融业务、商务信息业务和移动博彩业务对总方差的贡献率更高，因此在市场推广中更容易获得顾客的认可。该模型在满足消费者需求偏好，指导厂商开拓4G业务市场方面，具有重要的指导作用。

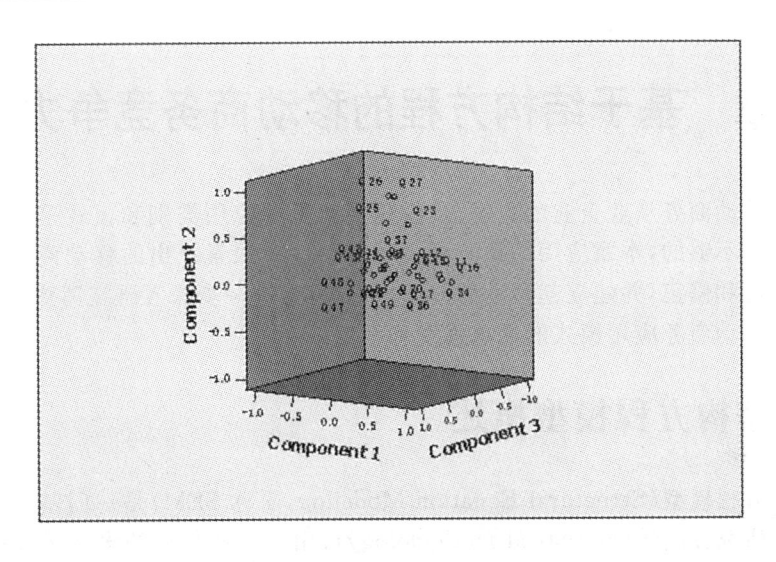

图 3-8　旋转空间上的散点图

3.8　小结

本章在对 UMTS、CATR 和 PdayResearch 提出的移动商务应用分类模型分析的基础上,采用探索性因子分析方法对我国 4G 市场顾客对移动商务的需求状况进行了实证研究。通过委托郑州市移动公司客户服务中心随机抽选 286 名用户作为调查对象,获得调研数据;采用 SPSS 13.0 统计分析软件,在对初始题项进行信度和效度分析的基础上,对相关题项进行筛选;采用主成分分析法以特征根大于 1 作为公共因子的提取标准,共提取出 8 个公共因子;为了明确各公共因子的含义,对初始因子负荷矩阵利用方差最大法做正交旋转,得到正交因子负荷矩阵,从而归纳得出面向顾客需求的移动商务应用分类模型。

该模型表明,在现阶段中国消费者对于移动金融、多媒体交互、小额支付、移动办公、手机阅读、商务信息、移动博彩和 4G 特色应用等移动商务应用模式表现出较高的兴趣,该结论对于指导运营企业有选择性的推出满足顾客需求的应用模式具有积极的指导作用。

第四章　基于结构方程的移动商务竞争力模型

提升移动商务从业企业的竞争力,仅仅了解哪些应用类别和模式是消费者需要的是远远不够的,本章应用结构方程模型对第三章探索提出的移动商务分类模型进行验证和修正,并建立起移动商务竞争力模型,进一步深入研究消费者对前文筛选出的移动商务应用模式的需求强度和程度。

4.1　结构方程模型概述

结构方程模型(Structural Equation Modeling,简称 SEM)是一门基于统计分析技术的研究方法学(statistical methodology),用以处理复杂的多变量数据的研究与分析[1]。一般而言,结构方程模型被归类于高等统计学,属于多变量统计(multivariate statistics)的一种,但由于结构方程模型有效整合了统计学的两大主流技术"因素分析"与"路径分析",同时应用范围相当广泛,因此在瑞士统计学者 Karl Jöreskog 于 1970 年提出相关的概念,并首先开发分析工具 LISREL 软件后,有关结构方程模式的原理讨论与技术发展便蔚为成风,普遍成为社会与行为科学研究者必备的专门知识之一,并被称为近年来统计学三大发展之一[2]。

---

[1] 侯杰泰,温忠麟,成子娟.结构方程模型及其应用[M].北京:教育科学出版社,2004

[2] MacCallum R C. Model specification: Procedures, strategies, and related issues. In: Hoyle R H. ed. Structural equation modeling: Concepts, issues, and applications ,Thousand Oaks, CA: Sage, 1995. 16~36.

Maxwell S E, Delaney H D. Designing experiments and analyzing data: A model comparison perspective. Pacific Grove: CA: Brooks/Cole, 1990.

袁方.社会研究方法教程[M].北京:北京大学出版社,2002.

Heppner P P, KivlighanD M Jr, Wampold B E. Research design in counseling (2nd ed.). Pacific Grove, CA: Brooks/Cole, 1999.

Browne M W, Cudeck R. Alternative ways of assessing model fit. In: BollenK A, Long J S. ed. Testing structural equations models, Newbury Park, CA: Sage, 1993. 136—162.

MacCallum R C, Browne M, Sugawara H. Power analysis and determination of sample size for covariance structure modeling. Psychological Methods, 1996, 1: 130—149.

胡浩峰,贺昌政.基于 SEM 的消费者行为研究[J].华东经济管理,2006,2(20):112—115.

多变量统计方法有很多种,例如因子分析、相关性分析、多变量方差分析、线性回归等,但是这些方法都存在使用的前提假设,并且一般只能在特定的时间内检验单一的自变量与因变量是否存在关系。例如线性回归分析只能解释变量间的直接关系,不能反应变量间的间接关系,并且变量之间可能会存在多重共线性的问题;因子分析则不能反应变量间的因果关系。

与传统的多变量统计方法不同的是结构方程模型可同时处理多组变量之间的相互关系(特别是因果关系),这种能力有利于学者进行深入的探索性和验证性研究。一般来说,当研究有理论依据时,验证性分析法是较为理想的分析变量间关系的方法;当研究缺乏一定的理论依据,变量间关系比较模糊、不明确的时候,可以采用探索性研究方法进行分析。

结构方程模型作为一种因果关系模型,模型中的变量既可以是可直接观测的显性变量,也可以是无法直接观测的隐性变量。隐性变量(又叫潜在变量)指的是在研究时无法进行直接观测或测量的变量,如学习情况、个人品质、忠诚度、社会地位等等。显性变量则与潜在变量正好相对,如成绩、收入等等可以直接测量变量。结构方程模型为我们在研究潜在变量的关系时提供了一种方法,可以通过相关的显性变量反应潜在变量之间的关系,例如我们如果对学生的学习情况进行研究,我们就可以通过可以直接测量学习成绩来反映学生的学习情况。综上所述,结构方程模型比较适用于社会科学领域,如顾客行为分析、决策行为分析等方面。

4.1.1 结构方程模型

结构方程模型分为测量模型和结构模型,测量模型部分求出观测指标与潜变量之间的关系,结构模型部分求出潜变量与潜变量之间的关系。对于所研究的问题,可以直接测量的变量记为观测变量(observed variables)或称为显变量;对不可直接测量的变量记为潜变量(latent variables)或称为隐变量[116]。

结构方程模型可分为测量方程(measurement equation)和结构方程(structure equation)两部分。测量方程描述潜变量与指标之间的关系,结构方程则描述潜变量之间的关系。

(1)测量模型

对于指标与潜变量间的关系,通常写成如下测量方程:

$$x = \Lambda_x \xi + \delta \quad \text{(式 4-1)}$$

$$y = \Lambda_y \eta + \varepsilon \quad \text{(式 4-2)}$$

其中:

x — 为 $p \times l$ 阶外生(exogenous)观测变量向量。

y — 为 $q \times l$ 阶内生(endogenous)观测变量向量。

Λ_x — 为 $p \times m$ 阶矩阵,是外生观测变量 x 在外生潜变量 ξ 上的因子载荷矩阵。

Λ_y — 为 $q \times n$ 阶矩阵,是内生观测变量 y 在内生潜变量 η 上的因子载荷矩阵。

δ — 为 $p \times l$ 阶测量误差向量。

ε — 为 $q \times l$ 阶测量误差向量。

(2)结构模型

对于潜变量间的关系,通常写成如下结构方程:

$$\eta = \beta\eta + \Gamma\xi + \zeta \qquad (式 4-3)$$

其中:

η — 为内生潜变量向量。

ξ — 为外源潜变量向量。

β — 为内生潜变量 η 的系数矩阵,也是内生潜变量间的通径系数矩阵。

Γ — 为外生潜变量 ξ 的系数矩阵。

ζ — 为结构方程的残差向量,反映了 η 在方程中未能被解释的部分。

潜变量间的关系,即结构模型,通常是研究的兴趣重点,所以整个分析也称为结构方程模型。

4.1.2 结构方程模型的特点和优点

1. 结构方程模型的特点

Hoyle(1995)指出,结构方程模型可视为不同统计技术与研究方法的综合体。从技术的层面来看,结构方程模型并非单指某一种特定的统计方法,而是一套用以分析共变结构技术的整合,这些分析技术具有一些基本的共同特质(Kline,1996),说明如下:

(1)SEM 具有理论先验性

SEM 分析最重要的一个特性,是它必须建立在一定的理论基础之上,也就是说,SEM 是一个用以检验某一先期提出的理论模型(prior theoretical model)适用性的统计技术,这也是 SEM 被视为是一种验证性而非探索性统计方法的主要原因。SEM 的分析过程中,从变量内容的界定、变量关系的假设、参数的设定、模型的安排与修正,一直到应用分析软件来进行估计,其间的每一个步骤都必须要有清楚的理论概念或逻辑推理作为依据。从统计原理来看,SEM 也必须同时符合多项传统统计分析的基本假设以及 SEM 分析软件所特有的假设条件,否则所获得的统计数据将无法采信。

(2)SEM 可同时处理测量与分析问题

SEM 是一种将"测量"与"分析"整合为一体的计量研究技术。SEM 将不可直接观察的概念以潜变量的形式,利用观测变量的测量模型进行分析,不仅可以估计测量过程中的误差,也可以用来评估测量的信度与效度,甚至可以超越古典测量理论的一些基本假设,针对特定的测量现象加以检测。另一方面,在探讨变量之间关系的时候,测量过程所产生的误差并没有被排除在外,而是同时包含在分析的过程中,使得测量信度的概念可以整合到路径分析等统计推论的决策过程中。

(3)SEM 适用于大样本分析

由于 SEM 通常所处理的变量数目较多,变量之间的关系较为复杂,因此为了维持统计假设不致违反,必须使用较大的样本容量。同时样本规模的大小,也影响着 SEM 分析的稳定性与各项指标的适用性。Breckler(1990)曾针对人格与社会心理学领域的 72 个 SEM 实证研究进行分析。这些研究的样本规模介于 40 至 8 650 之间,中数为 198,有四分之一的研究的样本数小于 500,约百分之二十的研究样本规模小于 100。因此一般而言,若要追求稳定的 SEM 分析结果,大于 200 以上的样本,才可以称得上是一个中型的样本。

2. 结构方程模型的优点

SEM 方法流行的原因在于其具有的一些显著的优点。

(1)SEM 可同时处理多个因变量

在回归分析中,看似可以对多个变量进行分析,但是 SEM 在计算回归系数的过程中仍是对每个变量进行一一分析,并没有考虑变量与变量之间的影响。

(2)SEM 容许自变量和因变量包含测量误差

潜变量的测量往往含有误差,而且通常不能简单的用单一指标测量,用传统方法计算的潜变量间的相关系数与用结构方程分析计算的潜变量间的相关系数可能会相差很大。

(3)SEM 可同时估计分析结构和因子分析

在分析潜在变量之间的关系时,一般可分为两个步骤:第一步,对潜在变量进行因子分析,测算潜在变量与主题之间的关系,得出因子得分;第二步,对因子之间的关系进行测算,得出因子之间的相关系数。传统来说,这两个步骤是相互独立的,但是结构方程模型可同时进行结构和因子分析。

(4)SEM 容许更大弹性的测量模型

传统的因子分析方法中一个指标从属于一个变量,而 SEM 可处理更大弹性的测量模型。例如,进行物理试卷采用外语出题且作答,可以在测量考生物理能力的同时检测考生的外语能力,达到"一箭双雕"的目的,即试卷分数这一指标同时从属于物理因子和外语因子两个变量中,可见结构方程模型可以解决复杂的高阶因子的测量模型。

(5)SEM可估计整个模型的拟合程度

在传统模型中,我们只估计每一路径的强弱;而在结构分析中,除了上述参数的估计外,还可以计算不同模型对同一样本的整体拟合程度,从而判断哪一个模型更接近数据所呈现的真实关系。

4.1.3 结构方程模型分析的基本步骤

SEM分析的基本步骤可以分为模型发展与估计评价两个阶段。前者的主要工作在于概念推导与技术原理的考虑;后者则在于用计量数据来评估SEM模型的优劣,并进行模型的修正,此时的重点是分析工具与统计软件(如LISREL、EQS、AMOS、MPLUS等)的操作与应用[①](参看图4-1)。

1. 模型发展阶段

模型发展阶段的主要目标在于建立一个适用于SEM分析需要的假设模型,牵涉到理论发展、模型设定与模型辨识等三个概念。在图4-1中,这三个概念虽然是以连续的方式来表示,但只是说明概念发生的顺序,在实际操作上,三者的运作则是相互作用的不断往覆过程。

首先,SEM模型的建立必定以理论为基础。所谓的以理论为基础,并不是说SEM模型必须建立在某一个特定的理论之上,而是强调SEM模型的建立必须经过观念的厘清、文献整理与推导或是研究假设的发展等理论性的辩证与演绎过程,最终提出一套有待检证的假设模型。

模型设定(model specification)可以说是第一个阶段当中最为具体的步骤,目的是发展可供SEM进行检验与估计的变量关系与假设模型。

此外,在模型设定的过程当中,有一个非常重要的技术问题,是必须让SEM模型具有可辨识性,使SEM的各项数学估计程序可以顺利的进行,这就是模型辨识。

---

① BollenK A. Structural equations with latent variables. New York:Wiley Inter science,1989.16~20.

```
┌─────────────────────────────────────────────────┐
│ 阶段一        ┌──────────────────┐              │
│ 模型发展       │   理论发展        │              │
│              │ Theoretical Development │          │
│              └────────┬─────────┘              │
│                       ↓                         │
│              ┌──────────────────┐              │
│              │   模型设定        │←──────┐      │
│              │ Model Specification│       │      │
│              └────────┬─────────┘       │      │
│                       ↓                  │      │
│              ┌──────────────────┐       │      │
│              │   模型辨识        │       │      │
│              │ Model Identification│      │      │
│              └────────┬─────────┘       │      │
├───────────────────────┼──────────────────┼──────┤
│ 阶段二                ↓                  │      │
│ 估计与评价    ┌──────────────────┐       │      │
│              │   抽样测量        │       │      │
│              │Sampling and Measuremnet│   │      │
│              └────────┬─────────┘       │      │
│                       ↓                  │      │
│              ┌──────────────────┐       │      │
│              │   参数估计        │       │      │
│              │ Parameter Estimation│     │      │
│              └───┬────────┬─────┘       │      │
│                  ↓        ↓              │      │
│        ┌──────────┐  ┌──────────┐       │      │
│        │拟合优度估计│⇔ │ 模型修正  │───────┘      │
│        │Assessment│  │  Model   │              │
│        │  of Fit  │  │Modification│             │
│        └──────────┘  └─────┬────┘              │
│                            ↓                    │
│                  ┌──────────────────┐          │
│                  │   讨论与结论      │          │
│                  │Discussion and Conclusion│     │
│                  └──────────────────┘          │
└─────────────────────────────────────────────────┘
```

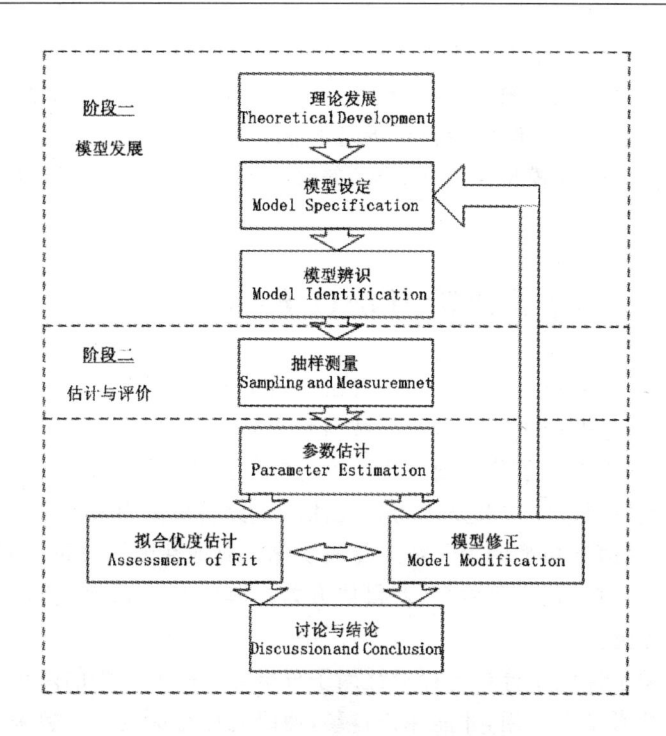

图 4-1　结构方程模型的基本步骤

2. 估计与评价阶段

SEM 模型发展完成之后，研究者必须搜集实际的观测变量数据来检验所提出的概念模型的适当性。此阶段开始于样本的建立与测量工作的进行，所获得观察资料经过处理后，即依照 SEM 分析工具的要求，进行各项估计。样本的获得对于 SEM 分析的结果有着重要的影响。除了 4.1.3 中提到的样本规模大小的影响，由于 SEM 涉及潜变量的测量，因此 SEM 分析的结果与样本结构及测量质量有密切的关系，也就是具有样本的依赖性(sample realitication)。

SEM 的参数估计基本由软件完成，只有少数的部分必须由人工来计算完成，但如何让 SEM 分析顺利完成，仍有赖研究者对于软件输入的正确编程，以及分析工具的选项选择。

为了评价先验模型的拟合优度，SEM 提供了多项评价指标，以反映样本规模与性质的影响（如 RMSEA、NNFI、CFI 等指标）。同时，SEM 分析本身，也可以处理测量误差的估计，使测量质量的影响可以被有效的控制。

值得注意的是，在估计与评价过程中，SEM 分析工具一般会提供模型的修正信息,研究者可以根据这些指数或统计数据,调整假设模型,重新进行估计与模型竞争,此过程称之为模型修正(model modification)。这一作法虽然违反了 SEM 分析理论先验性的原则,但可能引导研究者继续推导出更有意义的概念假设,重新提出更为合理的 SEM 模型。因此,模型的修正步骤也是一般 SEM 研究者相当重视的部分。

4.2 验证性因子分析方法(CFA)

与探索性因子分析的目的是为了得出变量的内在结构不同,验证性因子分析试图检验观测变量的因子个数和因子载荷是否与预期理论一致。相对而言,验证性因子分析比探索性因子分析处理要困难得多。验证性因子分析比探索性因子分析要求更大容量的样本,主要是因为验证性因子分析要处理推论统计量精确的样本量要随着观测值和模型的因子数变化而变化。验证性因子分析一般分为六个步骤进行:定义因子模型、收集数据、获得协方差矩阵或相关系数矩阵、模型评估、模型评价、选择模型。

实际上,验证性因子分析与探索性因子分析只是研究过程的两个阶段,不能截然分开,只有两者结合运用,才能相得益彰,使研究更有深度。一般来说,如果研究者没有坚实的理论基础支撑,有关观测变量的内部结构一般先使用探索性因子分析产生一个关于内部结构的理论,再在此基础上使用验证性因子分析,这样的做法是可取的。如果验证性因子分析的拟合效果非常差,研究者就必须采用探索性因子分析找出数据与模型之间的不一致,并对模型进行修正。但研究者在使用新数据拟合模型时,任何改动都需要重新进行验证。

本书即采用上述研究方法,在使用探索性因子分析得出面向顾客需求的移动商务应用分类模型的基础上,使用验证性因子分析方法验证模型的拟合效果,并在此基础上进一步提出了一个移动商务竞争力模型。

4.3 移动商务分类模型的验证性因子分析

4.3.1 一阶验证因子模型的建立

由第三章探索性因子分析得到的面向顾客需求的移动商务应用分类模型,利用结构方程思想,建立起以下的移动商务应用分类验证模型 M_A,设移动商务应用

第四章 基于结构方程的移动商务竞争力模型

模式的题项列为观察变量,应用分类为内源潜在变量。ε_i 为测量误差,α_{ij} 表示单向影响效应,r_{ij} 表示相关系数,模型表示的相互关系如图 4-2 的路径图所示。

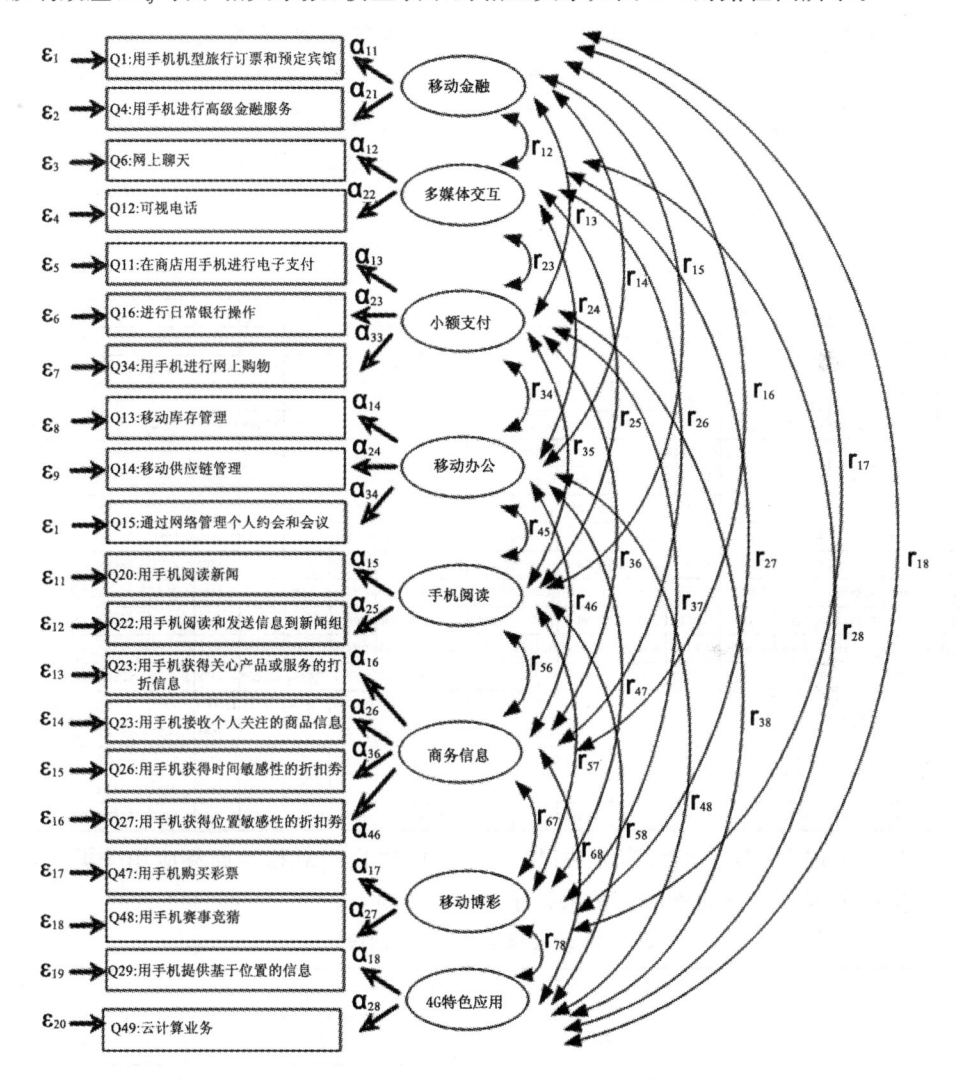

图 4-2　移动商务应用分类验证模型 M_A

根据探索性因子分析所得的应用分类间的相关系数矩阵(见表 4-1),采用 LISREL 8.7 版本软件对 3.7.1 中提出的移动商务应用分类模型以及公因子间的相互关系进行验证性因子分析,并对该模型作进一步的分析研究。

4.3.2 因子负荷矩阵的固定

在编制 LISREL 程序时,除了要输入观测变量的个数、潜变量的个数、模型的结构和参数的设定外,还要根据验证模型中公共因子与指标的从属关系,对负荷矩阵进行固定,其中描述了数个矩阵(LX,PH,TD 等)的内容,通过对 LX 矩阵的设定,设定某些元素固定(FI),设定其他的元素可自由估计(FR),可以代替路径图表达变量及因子间关系。

表 4-1 相关系数矩阵 Correlation Matrix

	Q1	Q4	Q6	Q11	Q12	Q13	Q14	Q15	Q16	Q20	Q22	Q23	Q25	Q26	Q27	Q34	Q47	Q48	Q49
Q1	1.0000	0.4436	0.0714	0.0286	−0.0068	0.1086	0.2215	0.0429	0.0008	0.1705	0.1302	0.0614	0.2126	0.1760	0.1147	0.1038	0.1629	0.1501	0.1034
Q4	0.4436	1.0000	0.2001	0.1521	−0.0003	0.3078	0.4831	0.2064	0.2482	0.3947	0.3421	0.1973	0.2216	0.1801	0.1373	0.1686	0.2404	0.2298	0.1359
Q6	0.0714	0.2001	1.0000	0.0041	0.2660	0.0542	0.2455	0.1504	0.0427	0.3242	0.2560	0.3261	0.2668	0.1375	0.1404	0.0890	0.2118	0.1945	0.2165
Q11	0.0286	0.1521	0.0041	1.0000	0.3333	0.0951	0.2473	0.3117	0.5049	0.1647	0.0774	0.4140	0.3040	0.2257	0.1183	0.6192	0.2485	0.2507	0.0821
Q12	−0.0068	−0.0003	0.2660	0.3333	1.0000	−0.0688	0.0407	0.2314	0.2897	0.2657	0.2699	0.3311	0.2370	0.2089	0.2069	0.2610	0.1271	0.1518	0.1898
Q13	0.1086	0.3078	0.0542	0.0951	−0.0688	1.0000	0.6713	0.4408	0.2427	0.0955	0.2308	0.2717	0.4197	0.2434	0.1551	0.0070	0.1909	0.1365	0.1549
Q14	0.2215	0.4831	0.2455	0.2473	0.0407	0.6713	1.0000	0.4810	0.3165	0.3385	0.3527	0.3826	0.5861	0.2956	0.2501	0.1554	0.3075	0.2880	0.1571
Q15	0.0429	0.2064	0.1504	0.3117	0.2314	0.4408	0.4810	1.0000	0.4969	0.3402	0.4030	0.4554	0.4288	0.1994	0.1849	0.2526	0.1358	0.1798	0.2029
Q16	0.0008	0.2482	0.0427	0.5049	0.2897	0.2427	0.3165	0.4969	1.0000	0.2354	0.1550	0.3368	0.2197	0.1136	0.1669	0.5676	0.0975	0.0693	0.0667
Q20	0.1705	0.3947	0.3242	0.1647	0.2657	0.0955	0.3385	0.3402	0.2354	1.0000	0.6554	0.2916	0.2925	0.1903	0.1873	0.3579	0.2817	0.3467	0.2850
Q22	0.1302	0.3421	0.2560	0.0774	0.2699	0.2308	0.3527	0.4030	0.1550	0.6554	1.0000	0.3238	0.3129	0.1352	0.1636	0.2932	0.1794	0.2872	0.2864
Q23	0.0614	0.1973	0.3261	0.4140	0.3311	0.2717	0.3826	0.4554	0.3368	0.2916	0.3238	1.0000	0.7336	0.5892	0.5809	0.3636	0.1431	0.2298	0.0982
Q25	0.2126	0.2216	0.2668	0.3040	0.2370	0.4197	0.5861	0.4288	0.2197	0.2925	0.3129	0.7336	1.0000	0.6460	0.6000	0.2672	0.3153	0.3737	0.0827
Q26	0.1760	0.1801	0.1375	0.2257	0.2089	0.2434	0.2956	0.1994	0.1136	0.1903	0.1352	0.5892	0.6460	1.0000	0.8172	0.1500	0.1230	0.1741	0.0125
Q27	0.1147	0.1373	0.1404	0.1183	0.2069	0.1551	0.2501	0.1849	0.1669	0.1873	0.1636	0.5809	0.6000	0.8172	1.0000	0.1684	0.0755	0.1582	0.0332
Q34	0.1038	0.1686	0.0890	0.6192	0.2610	0.0070	0.1554	0.2526	0.5676	0.3579	0.2932	0.3636	0.2672	0.1500	0.1684	1.0000	0.2638	0.2123	0.1409
Q47	0.1629	0.2404	0.2118	0.2485	0.1271	0.1909	0.3075	0.1358	0.0975	0.2817	0.1794	0.1431	0.3153	0.1230	0.0755	0.2638	1.0000	0.7662	0.2641
Q48	0.1501	0.2298	0.1945	0.2507	0.1518	0.1365	0.2880	0.1798	0.0693	0.3467	0.2872	0.2298	0.3737	0.1741	0.1582	0.2123	0.7662	1.0000	0.2006
Q49	0.1034	0.1359	0.2165	0.0821	0.1898	0.1549	0.1571	0.2029	0.0667	0.2850	0.2864	0.0982	0.0827	0.0125	0.0332	0.1409	0.2641	0.2006	1.0000

根据上述 LX 矩阵的设定方法以及图 4-2 的路径图对移动商务应用分类验证模型中的公因子与各元素间的关系设定如表 4-2 所示。

表 4-2 验证模型 LX 矩阵的设定

指标	因子							
	ξ_1	ξ_2	ξ_3	ξ_4	ξ_5	ξ_6	ξ_7	ξ_8
x1	0	0	0	0	0	0	1	0
x2	0	0	0	0	0	0	1	0
x3	0	0	0	0	1	0	0	0
x4	1	0	0	0	0	0	0	0
x5	0	0	0	0	1	0	0	0

续表

指标	因子							
	ξ_1	ξ_2	ξ_3	ξ_4	ξ_5	ξ_6	ξ_7	ξ_8
x6	0	0	0	1	0	0	0	0
x7	0	0	0	1	0	0	0	0
x8	0	0	0	1	0	0	0	0
x9	1	0	0	0	0	0	0	0
x10	0	0	0	0	0	1	0	0
x11	0	0	0	0	0	1	0	0
x12	0	1	0	0	0	0	0	0
x13	0	1	0	0	0	0	0	0
x14	0	1	0	0	0	0	0	0
x15	0	1	0	0	0	0	0	0
x16	0	0	0	0	0	0	0	1
x17	1	0	0	0	0	0	0	0
x18	0	0	1	0	0	0	0	0
x19	0	0	1	0	0	0	0	0
x20	0	0	0	0	0	0	0	1

验证分析的LISREL相关程序从略，详见附录3。

4.3.3 参数检验

经LISREL计算，一阶验证模型参数估计矩阵(LISREL Estimates)如附录4所示。在估计矩阵中每个参数对应三个数值，第一个是参数估计值(α_{ij})，第二个是标准误差(Standard error)，第三个是t值。一般可简单的认为$t > 2$时表示α_{ij}显著的不等于0，此时假设模型让该参数自由估计是合理的；否则，如果检验的结果是不显著，则认为该参数应固定为0，此时应修正模型并重新估计。经过28次迭代收敛，移动商务应用分类一阶验证模型的参数检验是显著的。计算得出的移动商务应用分类验证模型M_A各元素间的相互关系如图4-3所示。

4.3.4 模型的评价

要验证假设模型是否与调研数据拟合，需要比较再生协方差矩阵E和样本协方差矩阵S的差异。这样两个矩阵的整体差异可以用一个综合数字，即拟合指数

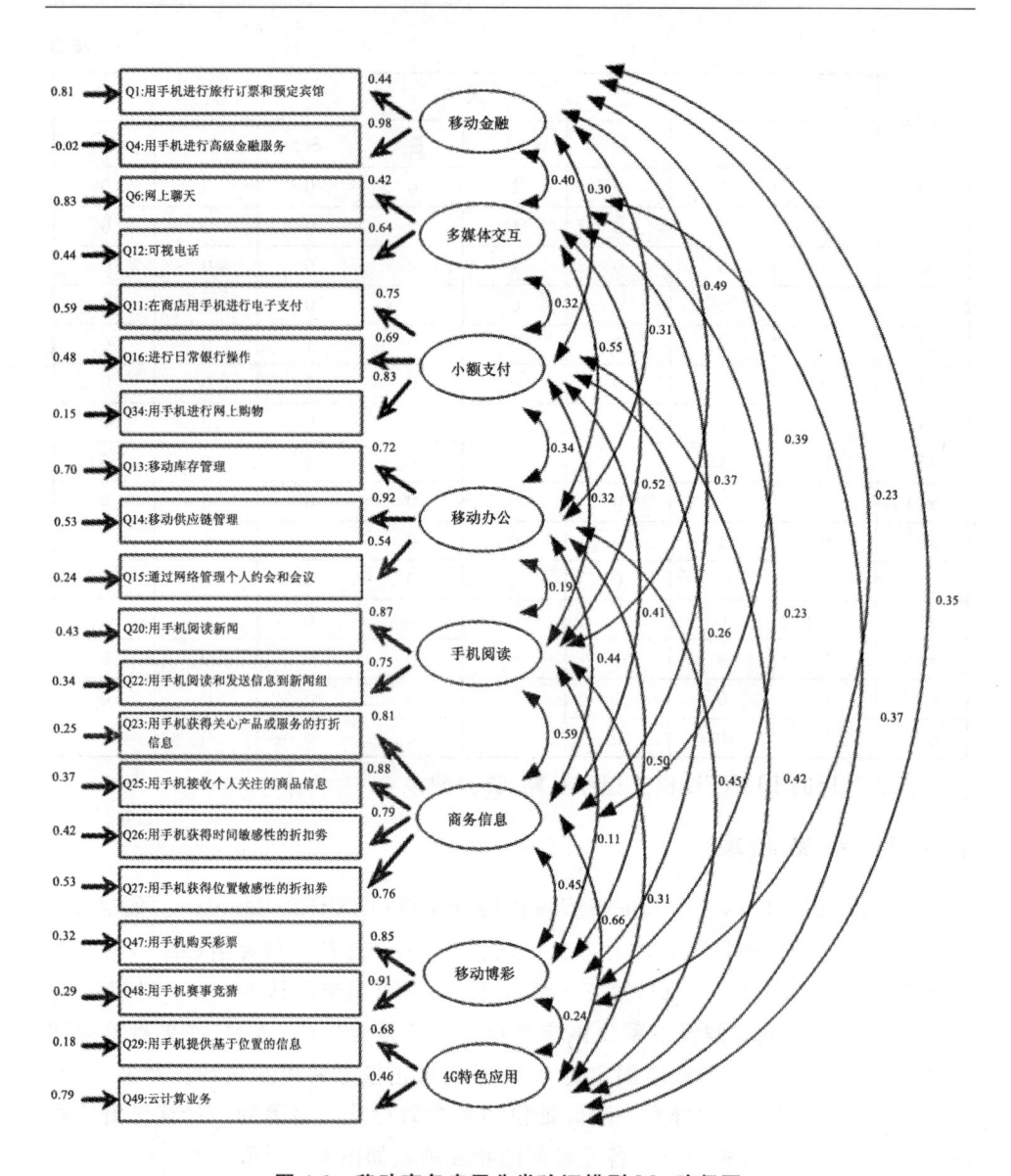

图 4-3 移动商务应用分类验证模型 M_A 路径图

表示。拟合指数是拟合优度统计量(goodness of fit statistic)的简称,是人们从某一角度构造出来,用于反映模型拟合好坏的统计量。几乎所有的拟合指数都是 S 和 $\sum(\hat{\theta})$ 的函数。

1. 拟合指数的分类

(1)绝对拟合指数

绝对拟合指数衡量了所考虑的理论模型与样本数据的拟合程度,可以认为只涉及到理论模型本身,没有与别的模型比较。绝对拟合指数又可以分成直接基于拟合函数的指数、基于离中参数的指数、近似误差指数、拟合优度指数和信息指数。拟合函数 $F(S,\sum(\theta))$ 是 S 和 $\sum(\theta)$ 之间的一种"距离",拟合函数的的最小值 $F(S,\sum(\theta))$(记为 $\min\{F\}$)是 S 和 $\sum(\hat{\theta})$ 之间的距离。基于拟合函数最小值的指数包括 χ^2,LHR,$PVAL-UE$ 和 χ^2/df 等。在模拟数据研究中,当产生数据与用来拟合数据的模型完全相同时,χ^2 可用来恰当的反映模型的拟合优度。离中参数(Non-centrality parameter)$NCP = \chi^2 - df$,即卡方减去自由度。基于离中参数的指数包括 Dk,PDF 和 Mc 等。它们都是对离中参数做出相应的调整,希望减少样本容量对拟合优度的影响(McDonald,1989)。

近似误差指数(Error of Approximation)包括 $SRMR$、RMR、RMS、$RMSEA$,$RSEA$ 和 $RMSEAP$ 等。Steiger 和 Lind 认为 Dk 并不是原有参数的单位,也没有因模型的复杂性而作出调整,因此提出一个经调整的均方根指数 $RMSEA$(近似误差均方根)。$RMSEA$ 受样本容量 N 的影响较小,而且对参数过少的误设模型比较敏感(Marsh & Balla,1994),是比较理想的拟合指数。

$$RMSEA = \{\max[(\chi^2 - df)/(N-1), 0]/df\}^{1/2} \qquad (\text{式 4-4})$$

拟合优度指数(goodness of fit indexes)包括 GFI、GFI^*、$AGFI$ 和 $AGFI^*$ 等,这类指数越高就代表模型拟合的越好。总的来说 GFI^* 和 $AGFI^*$ 比 GFI、$AGFI$ 表现要好。

信息指数(Information Indices)包括 $ECVI$、CK、AIC 和 $CAIC$ 等。信息指数可以在众多模型中找出参数估计比较稳定的模型,常用的信息指数有 Akaike 的信息准则指数(Akaike Information Criterion,AIC;Akaike,1973,1987)和期望交叉证实指数(Expected Cross Validation Index,ECVI;Cudeck&Browne,1983),定义为:

$$AIC = \chi^2 + 2t \qquad (\text{式 4-5})$$

$$ECVI = AIC/(N-1) \qquad (\text{式 4-6})$$

(2)相对拟合指数

设 M_n 为虚模型(null model),代表拟合最不好的模型,M_s 为饱和模型,代表拟合最好的模型,现有理论模型 M_t 则介乎于两者之间。相对拟合指数(comparative fit index)是通过将理论模型(M_t)和基准模型(通常为虚模型M_n)比较得到的统计量。Hu 和 Bentler(1995)将相对指数分为三类:

第一类为赋范拟合指数,只用到理论模型和基准模型的卡方统计量,即相对于基准模型的卡方理论模型的卡方减少的比例典型的赋范拟合指数是 NFI(normed fit index),定义为:

$$NFI = (\chi_N^2 - \chi_T^2)/\chi_N^2 \qquad (式4-7)$$

其中 χ_N^2 和 χ_T^2 分别表示拟合虚函数和假设模型得到的卡方值。

第二类为非范拟合指数,除了使用第一类中的信息外,还使用了理论模型的卡方在中心卡方分布下的期望值进行调整,典型的非范拟合指数是 NNFI(non-normed fit index),定义为:

$$NNFI = \frac{\chi_N^2/df_N - \chi_T^2/df_T}{\chi_N^2/df_N - 1} \qquad (式4-8)$$

NNFI 不像 NFI,取值范围可以超出[0,1]的范围。

第三类为比较拟合指数,除了使用第一类的信息外,还使用了理论模型或基准模型的卡方在非中心卡方分布下的期望值进行调整,典型的比较拟合指数是 CFI(comparative fit index),定义为:

$$CFI = 1 - \frac{\max[(\chi_T^2 - df_T), 0]}{\max[(\chi_T^2 - df_T), (\chi_N^2 - df_N), 0]} \qquad (式4-9)$$

Benteler(1990)认为对于基于真模型的小样本,CFI 的标准差比其他几个指数的都小,而且不受样本容量的系统影响,能够敏感的反映误设模型的变化,所以比较推崇 CFI。

相对离中指数 RNI(Relative Noncentrality Index)也是较为常用的比较拟合指数,它的的规范形式即为 CFI。

$$RNI = \frac{(\chi_N^2 - df_N) - (\chi_T^2 - df_T)}{\chi_N^2 - df_N} \qquad (式4-10)$$

χ^2 是最常用的拟合度指标,若检验结果差异不显著且 χ^2 值越接近于零,则表明模型拟合程度越好。

$$\chi^2 = (N-1)\min\{F\} \qquad (式4-11)$$

由于式 4-11 只是近似的卡方分布,近似的程度依赖于:① $H_0: \Sigma = \Sigma(\theta)$ 是否完全成立;②指标是否服从正态分布;③样本容量 N 的大小;④用协方差矩阵还是相关系数矩阵进行分析。由于上述原因,χ^2 值对样本容量非常敏感。当样本容量很大时,几乎所有的候选模型都很难通过,即 χ^2 值拒绝模型的概率增大。因此卡方值虽然是一个常用的指数,却不是一个理想的指数。

2. 拟合优度估计

以上的评价指标各有优劣,在使用时应结合理论及研究的具体情况选择合适的指标作为依据。Marsh 等人指出,一个优秀的评价指标应具备以下特征:样本独立性(吻合指数不受样本量大小的影响)、惩罚复杂模型和在来自于统一总体的不同样本中具有稳定性。

在上文提到的拟合指数中,拟合优度指数 GFI 和调整后的拟合优度指数 $NGFI$,表明观测变量的方差协方差矩阵在多大程度上被模型引申的方差协方差矩阵所预测,GFI 和 $NGFI$ 的值域在 0~1 之间,越接近 1 则意味着模型拟合越好。一般地,这两个值大于 0.9 即可说明模型可以很好的拟合观测数据。$NNFI$ 指数不受样本大小的影响,能较好地惩罚复杂模型(执行"省俭"原则),并能准确分辨模型不同的偏差程度,是专家一致推荐的比较稳定的拟合指数。CFI 指数的优点在于不受样本容量大小的影响,但不惩罚复杂模型,增值拟合指数的值阈均在 0—1 之间,越接近 1 表示模型拟合越好,一般而言 CFI 大于 0.9 则可认为模型拟合良好。RNI 是用来估计总体中理论模型与实际数据之间差距的指数,它的值域并没有限制,若限制在 0~1 之内,则 RNI 与 CFI 的值完全相同。$RMSEA$ 由于受样本容量 N 的影响较小,也是一个常用的拟合指数,一般认为其值在 0.08 以下就表明模型的拟合程度较好,当其取值在 0.05 以下时,表示模型拟合优良。χ^2/df 能够调节模型的复杂程度,消除自由度的影响,因此越来越多的研究者也推荐使用 χ^2/df 来衡量模型的拟合优度。为了减少样本量对拟合检验的影响,有一个粗略的常规规定:$\chi^2/df > 2$ 即可认为验证模型拟合良好[①]。基于以上分析,本书采用常用的 χ^2/df、GFI、$NGFI$、CFI、$NNFI$ 和 $RMSEA$ 等指数作为模型拟合的指标来判断假设模型的拟合优度。经 LISREL 计算,假设模型 M_A 的拟合优度统计量及其数值如表 4-3 所示。

表 4-3 拟合优度统计量及其数值

拟合优度统计量	统计量值
Degrees of Freedom (df)	242
Minimum Fit Function Chi-Square (χ^2)	1315.73

---

① 娄峥嵘.浅议结构方程建模的基本步骤[J].生产力研究,2005.06:201—202.

续表

拟合优度统计量	统计量值
χ^2/df	5.43
Normed Fit Index(NFI)	0.83
Goodness of Fit Index (GFI)	0.93
Non—Normed Fit Index (NNFI)	0.90
Root Mean Square Error of Approximation (RMSEA)	0.069
Relative Fit Index(RFI)	0.77
Comparative Fit Index (CFI)	0.93

综合上述拟合指数的表现,从整体衡量验证模型 M_A 的拟合优度非常好,可以认为第三章中通过探索性因子分析得出的移动商务应用分类模型准确的概括出了 4G 市场环境下基于顾客需求角度的移动商务应用模式的类型及结构。

4.4 模型修正

为进一步研究假设模型 M_A 是否还有调整和修正的余地,以使模型更好的与实际情况拟合,本书通过 SEM 分析工具提供模型调整与修正的统计数据(修正指数矩阵,Modification Indices for LAMBDA-X),试图对验证模型做进一步的修正。

通常在模型修正时,需要首先观察各题项在参数估计矩阵中的完全标准化负荷。如果在所属公因子的参数估计矩阵中负荷很小,则需要考察题项在其他公因子中的修正指数的表现。如果在其他公因子中的修正指数显著提高,则应把该题项归入此因子;如果在其他公因子中的修正指数也不高,显示这一题项既不属于原因子,也不属于其他因子,应该对该题项予以删除。

本研究验证模型 M_A 计算出的参数估计矩阵见附录4,修正指数矩阵见表4-3。观察参数估计矩阵发现各个题项的完全标准化负荷均大于0.4,因此无需对照修正指数矩阵对原模型进行修正。图4-4得出的移动商务应用分类一阶验证模型即是与现实拟合最好的模型。

4.5 移动商务竞争力二阶因子模型

好的模型需要既能准确描述数据中各变量的关系,又要尽量简单,为了研究各类应用模式对移动商务整体竞争力的影响,本书在4.3.1的基础上,增加一个移动商务竞争力外源潜变量,提出一个更为简单二阶因子验证模型M_{A-2ord}。从表4-4易知,M_{A-2ord}与M_A相比χ^2大致相同,但节省了9个自由度($df_A - df_{A-2ord} = 9$)。经 LISERL 8.7 计算可得如图4-4所示的移动商务竞争力的二阶因子模型M_{A-2ord}。从路径图中,可较为清楚的看到,二阶因子移动商务竞争力与各一阶因子关系(GA系数)很强(0.52、0.70、0.92、0.88、0.67、0.91、0.89、0.50)。M_{A-2ord}与M_A相比增加的卡方$\Delta\chi^2$达不到显著水平,各拟合优度指标也与原模型大致相仿,因此可以认为二阶因子验证模型M_{A-2ord}反映了4.3.1中一阶因子验证模型M_A的关系,并且是比一阶因子验证模型更好的模型。该移动商务竞争力二阶因子模型M_{A-2ord}除了比一阶因子验证模型更为简洁外,还清楚的揭示出了各类移动商务应用模式对移动商务竞争力的整体影响程度,对该模型的讨论和分析,有助于深刻揭示4G市场环境下的顾客需求偏好,指导从业企业制定出有针对性的市场发展战略。

表4-4 修正指数矩阵

	KSI 1	KSI 2	KSI 3	KSI 4	KSI 5	KSI 6	KSI 7	KSI 8
VAR 1	0.06	0.67	0.40	0.01	0.04	0.03	——	0.08
VAR 2	0.06	0.67	0.40	0.01	0.04	0.03	——	0.08
VAR 3	2.56	1.09	1.43	3.52	——	3.89	3.19	0.99
VAR 4	——	0.71	0.88	0.19	0.04	3.53	0.17	2.03
VAR 5	2.56	1.09	1.43	3.52	——	3.89	3.19	0.99
VAR 6	3.08	0.66	1.34	——	6.29	5.44	0.99	0.43
VAR 7	0.02	0.13	0.92	——	0.15	0.52	2.26	0.12
VAR 8	8.13	2.86	0.02	——	9.41	4.99	0.85	2.30
VAR 9	——	0.00	2.31	4.57	0.41	0.00	1.63	0.03
VAR 10	0.32	0.32	0.21	1.50	0.00	——	0.00	0.02
VAR 11	0.32	0.32	0.21	1.50	0.00	——	0.00	0.02
VAR 12	8.68	——	0.24	0.05	6.79	1.61	0.03	0.16
VAR 13	0.07	——	8.33	17.25	0.13	1.16	0.18	2.00
VAR 14	3.14	——	1.85	4.20	2.22	2.04	0.00	0.67

续表

	KSI 1	KSI 2	KSI 3	KSI 4	KSI 5	KSI 6	KSI 7	KSI 8
VAR 15	2.94	——	2.64	7.29	0.73	1.52	0.42	1.80
VAR 16	0.04	1.38	0.65	0.17	0.99	1.59	0.10	——
VAR 17	——	0.68	0.16	4.73	0.52	3.05	0.45	2.15
VAR 18	0.64	0.95	——	0.49	0.79	1.50	0.18	0.00
VAR 19	0.64	0.95		0.49	0.79	1.50	0.18	0.00
VAR 20	0.04	1.38	0.65	0.17	0.99	1.59	0.10	——

表 4-5 M_{A-2ord} 拟合优度统计量及其数值

拟合优度统计量	统计量值
Degrees of Freedom (df)	233
Minimum Fit Function Chi—Square（χ^2）	1023.75
χ^2/df	5.43
Normed Fit Index(NFI)	0.83
Goodness of Fit Index (GFI)	0.93
Non—Normed Fit Index (NNFI)	0.90
Root Mean Square Error of Approximation (RMSEA)	0.053
Relative Fit Index(RFI)	0.77
Comparative Fit Index (CFI)	0.93

4.6 结论与讨论

对于移动商务竞争力模型而言,移动商务竞争力是外源潜变量,8个内源潜变量及其标准化系数分别为移动金融(0.52)、多媒体交互(0.70)、小额支付(0.92)、移动办公(0.88)、手机阅读(0.67)、商务信息(0.91)、移动博彩(0.89)和4G特色应用(0.50)。可以看到,各种应用类别对移动商务竞争力影响的标准化系数均超过了0.50,说明经过探索性因子分析筛选出的移动商务应用类别均能被市场和消费者接受,各内源潜变量的标准化系数与探索性因子分析得出的公因子的权重走势是一致的,也说明了探索模型的正确性。但在各个应用类别中,对移动商务推广影响程度最大的分别是小额支付(0.92)、商务信息(0.91)和移动博彩(0.89)等类应用,影响最小的应用类别是手机阅读(0.58)和4G特色应用(0.58)等类应用。这表明在4G市场环境下,小额支付、商务信息和移动博彩等类应用较易获得消费者的青睐,市场接受程度较高,是容易获得竞争优势的业务类别,而手机阅读类应用(0.58)和4G特色类应用(0.58)被市场的接受程度还不高,因此在市场启动的初期阶段,运营商和其他厂商应尽量避免主推上述业务。

在移动商务竞争力二阶因子模型中,每个内源潜变量又分别对应多个观测变量(具体的应用模式),各观测变量对内源潜变量的影响程度,可以用各观测变量对内源潜变量的标准化参数值来衡量,从中我们可以进一步清晰的获知各具体的应用模式对应用类别的影响程度(标注在图4-4中)。

本书以上内容通过使用结构方程模型的方法,提出了一个二阶的移动商务竞争力模型,对各类应用模式对移动商务竞争力的影响力进行了分析,从而验证了探索性因子模型得出的结论能够较好的拟合现实情况,并作为一个分析框架,面向顾客需求角度研究了我国4G市场的特点。为了使研究更为深入,了解各种具体的应用模式对消费者需求实际的影响强度,还需要对调研数据进行描述性分析(见表4-6)。

在所有移动商务应用模式的影响强度分析中,基于位置信息的服务(Location Based Service)占据了排行榜的榜首,这意味着该项业务是目前中国消费者最渴望获得的4G应用模式。可视电话超越了其他应用模式,占据了排行榜上第二位的位置,表明人们对这种新颖的通信业务也十分感兴趣。无论是在中国,还是在日本、欧洲,消费者们均对LBS服务和可视电话服务产生了浓厚的兴趣,并希望尽早尝试这些新颖的应用。

云计算占据了排行榜上第三位的位置,表明在任意位置、使用各种终端获取应用服务已经成为人们现代生活娱乐与休闲的一种重要方式。进行日常银行操作,从手机获得关心的产品或服务的打折信息或商品信息分别占据了排行榜第四和第五位的位置,说明这些应用模式也是消费者十分需要运营商提供的。在这些方面,中国与世界其他4G市场的消费者并没有明显的差别。

而普遍为运营商寄予厚望并准备大力推广的移动办公应用在需求强度上则排名不高,这表明中国在4G市场启动的初期阶段,首先能够被消费者接受并产生效益的应用模式还主要集中于个人消费类业务,商务市场的成熟还有待于市场环境的进一步开发和成熟。

此外,研究还表明已经在海外市场成功推广的移动商务应用模式,如移动广告、在线交互式游戏、移动视频下载和收发E-mail等应用,由于因子载荷太低而在

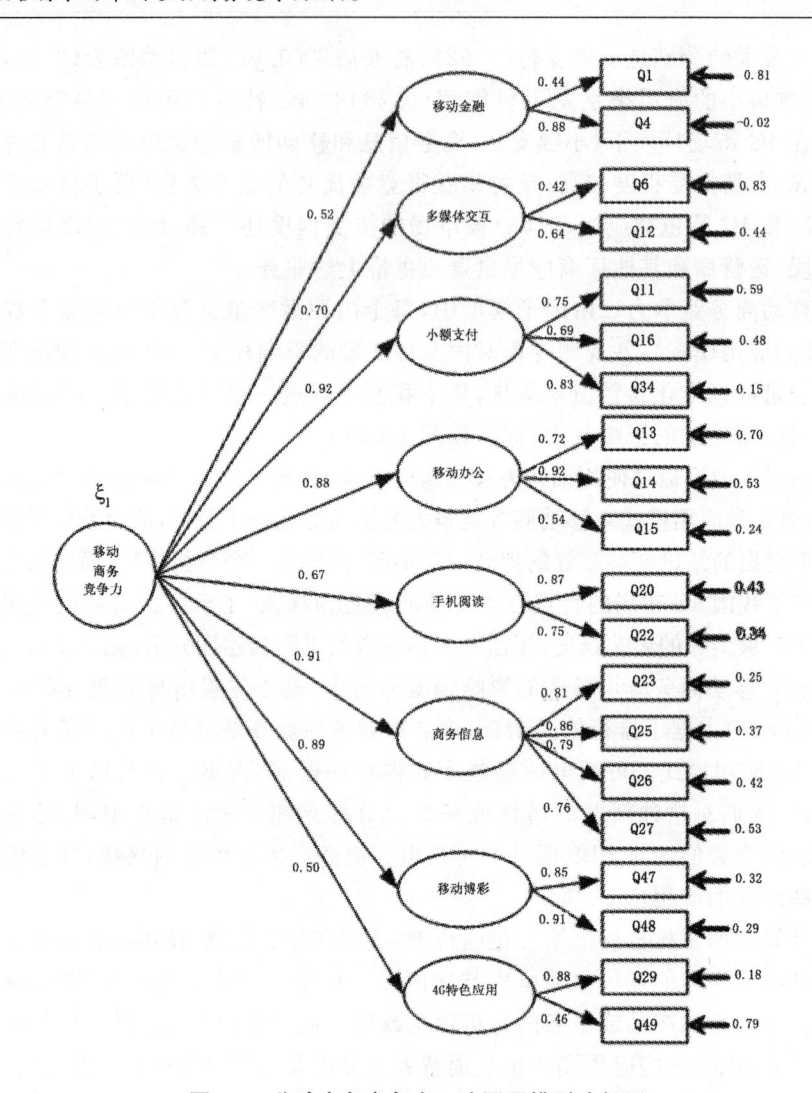

图 4-4　移动商务竞争力二阶因子模型路径图

表 4-6　基于顾客需求的移动商务应用影响强度

移动商务应用	平均值	标准差	排序
Q29：用手机提供基于位置的信息	4.329412	0.864488	1
Q12：可视电话	4.223529	1.027902	2
Q49：云计算业务	4.211765	0.914097	3

续表

移动商务应用	平均值	标准差	排序
Q16:进行日常银行操作	4.188235	1.096467	4
Q23:从手机获得关心的产品或服务的打折信息	4.176471	1.037126	5
Q25:用手机接收个人关注的商品信息	3.905882	1.211291	6
Q20:用手机阅读新闻	3.894118	1.046804	7
Q1:用手机进行旅行订票和预定宾馆	3.870588	0.923093	8
Q11:在商店用手机进行电子支付	3.870588	1.162799	9
Q34:用手机进行网上购物	3.823529	1.125214	10
Q15:通过网络管理个人约会和会议	3.811765	1.180134	11
Q14:移动供应链管理	3.788235	1.145323	12
Q27:用手机获得位置敏感性的折扣券	3.729412	1.127452	13
Q26:用手机获得时间敏感性的折扣券	3.658824	1.190767	14
Q6:网上聊天	3.588235	1.167966	15
Q13:移动库存管理	3.517647	1.150691	16
Q22:用手机阅读和发送信息到新闻组	3.447059	1.180253	17
Q4:用手机进行高级金融服务	3.317647	1.177283	18
Q47:用手机购买彩票	3.2	1.20317	19
Q48:用手机进行赛事竞猜	3.035294	1.322399	20

结构效度验证中被剔除。这种情况说明上述在国外4G市场中已经获得成功应用的业务目前还不被中国的消费者所认可,部分原因可能是由于手持终端设备屏幕尺寸太小、网络带宽不足、输入或操控不便和电池续航能力较差等造成的不便。上述的不利因素同时也给我国的内容提供商和终端制造商们提出了新的挑战,无论谁能够在内容提供方式或终端制造方面作出创新,提高上述应用模式的易用性,就必然会在这些新兴市场中获得巨大的成功,从而赢得竞争优势。

进一步的研究发现,各类应用模式对移动商务竞争力的影响程度和影响强度表现往往并不一致。在本书所划分的八类移动商务应用类别中,对推进4G市场发展所起影响程度最为重要的是小额支付、商务信息和移动博彩等类应用,而4G特色应用等类业务则对移动商务竞争力的影响程度最低。而在强度分析中,消费者对4G特色应用则非常感兴趣,表现在影响强度排在排行的前列。这种矛盾不但没有推翻本书的结论,相反恰恰说明了虽然4G特色应用模式十分新颖,突出展示了4G网络的能力,能够在市场发展之初吸引相当多的消费者进行试用,但综合来说对移动商务竞争力的整体推动作用不大。推广4G市场,获得企业竞争优势的着眼点还是应该着重放在人们日常使用的支付和信息类服务上,而不是新颖的4G特色应用上。

由于各类移动商务应用模式在影响程度和影响强度方面存在上述不一致现象,运营商在选择推广业务和制定推广方案时,必须对各种应用模式在影响需求的强度和程度两方面进行综合考虑。此外,由于运营商往往要依靠多种业务组合的市场策略来进行市场推广,在这种情况下做出最有竞争力的方案决策就需要全盘衡量各种因素,进行综合评价。本书将在下一章通过引入一种改进的综合模糊评价方法,构建一个移动商务应用战略方案竞争力的评价体系,以期对中国4G市场的顺利导入和运营商成功的获得市场竞争优势提出一个可用的衡量指标。

4.7 小结

本章采用验证性因子分析,根据应用分类间的相关系数矩阵,利用结构方程模型,使用LISREL 8.7软件对第三章提出的移动商务应用分类模型以及因子的相互关系进行验证,从而获得决定移动商务竞争力的各种应用模式的影响程度和影响强度。进一步的研究发现,各类应用模式对移动商务竞争力的影响程度和影响强度表现往往并不一致。在对该模型分析的基础上,得出八种移动商务应用类别的标准化系数,从而得出它们对移动商务竞争力影响的排序为小额支付(0.92)、商务信息(0.91)、移动博彩(0.89)、移动办公(0.88)、多媒体交互(0.70)、手机阅读(0.67)、移动金融(0.52)和4G特色应用(0.50)。进一步从影响强度的角度分析,发现基于位置信息的服务(Location Based Service)、可视电话、手机音乐业务的用户需求强度最大,而移动办公、移动广告、在线交互式游戏、移动视频下载和收发E-mail等应用的需求强度还不高。进一步的研究发现,各类应用模式对移动商务竞争力的影响程度和影响强度表现往往并不一致,这就需要对多种因素进行通盘考虑,综合评价。本章从顾客角度对影响移动商务应用的各种应用模式从程度和强度上进行了深入分析,对于深入了解中国消费者的移动商务应用感知偏好,指导从业者有选择性的为消费者提供最为渴望的产品和服务,提高运营企业的市场竞争力,促进中国4G市场的平稳导入,无疑具有重要的理论价值和实际意义。

第五章 面向顾客需求的移动商务竞争力评价体系

对移动商务影响的强度和程度的分析虽然可以帮助从业企业选择面向顾客需求偏好的移动商务应用模式,但由于在市场推广阶段往往涉及多种应用模式的同时推广,并且各个市场推广方案的侧重点和效果也不尽相同,这就需要对多种方案进行综合评价,从中选择最具市场竞争力的方案作为企业的战略决策。本章在第三、四两章研究成果的基础上,继续对移动商务竞争力问题进行研究,建立了一个面向顾客需求的移动商务竞争力综合模糊评价体系,基于顾客角度提出了移动商务竞争力战略决策的理论和方法,并通过一个实例对该评价体系进行了验证。

5.1 评价方法概述

基于系统分析思想,评价运用各类不同的数学模型来对当今社会日渐复杂的社会、经济和技术等问题进行描述、分析和评价的办法。评价是一种对研究对象的功能进行的量化描述,它既可以通过时序统计数据来描述同一功能技术对象的历史变化过程,也可以通过统计数据来描述不同对象的技术功能之间差异。其评价的结构还可以当做评价对象结构来研究,为结构优化指明方向。

评价体系就其本质来说,就是一个信息处理的体系,是进行综合评价的过程,同时也是一个将无序信息有序化的过程。当然,进行效果评价这一过程需要对非常巨大数量的信息进行处理,只有利用科学的评价方法,选用现代的计算工具才能够真正实现有效的评价。

近年来,围绕着多指标综合评价领域的相关研究不断丰富,使得多指标综合评价的方法不断完善,有关这方面的研究也不断深入,主要表现在以下几个方面:

(1)评价所采用的指标趋于多样化,评价的问题也趋于多样化。

(2)多指标综合评价中比较难以解决的是综合时各指标间信息的重复问题,近几十年来迅速发展的多元统计分析为解决这一问题提供了可能性,同时也为解决综合评价问题提供了较好的定量方法。

(3)由于评价对象的多样性以及评价的决策作用,多目标决策方法也融入到综合评价中来,开阔了评价方法的新思路。

(4)为了使评价更为全面,在定量指标的基础上选取很多定性指标。

从实际操作程序角度讲,多指标综合评价方法要经历确定评价目标和评价对象构建综合评价指标体系,构建或选择综合评价模型,分析综合得出的结论等过程。一般评价方法流程如图5-1所示。

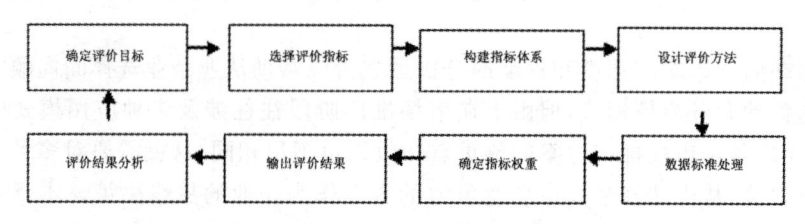

确定评价目标 → 选择评价指标 → 构建指标体系 → 设计评价方法

评价结果分析 ← 输出评价结果 ← 确定指标权重 ← 数据标准处理

图 5-1 评价方法流程图

在多指标评价中,常用的评价方法主要有以下几种:

(1)主成分分析法。主成分(Principal Component)分析通过恰当的数学变换,从中选取若干主成分,保持变量的总方差不变,把一组变量通过线性变换转换成为原变量的一组相关的线性组合。在多指标评价中,因评价指标较多的原因,不可避免的会出现指标之间的相关性较高的问题,使得评价指标体系中反映的信息在一定程度上有所重复。主成分分析法可以把原来存在信息重叠的评价指标,通过降维的方法,化为较少的主成分指标,且所保留的主成分指标又可保留绝大多数信息。达到简化评价模型计算难度的目的。

(2)因子分析法(Faction Analysis)。英国心理学家C. Spearman于1904年提出因子分析,这种方法是主成分分析方法的发展。它主要利用降维的思想,通过研究众多变量之间的内部依赖关系,把相关性很高的多个指标转化为少数几个相互独立的综合性指标,从而实现利用少数几个变量反映绝大多数信息的目的,同时这一过程也大大简化了原指标体系的指标结构。

(3)层次分析法(Analytic Hierarchy Process,AHP),是美国运筹学家 T. L. Saaty 在1973提出的一种定量与定性相结合的系统分析方法,它通过整理和综合专家们对指标重要程度所作的经验判断值,将分散的咨询意见数量化与集中化,以解决对由相互关联、相互制约的众多因素构成的复杂问题的科学决策。层次分析法的特点在于:分析思路清楚,可将系统分析人员的思维过程化、数学化和模型化;分析时所需要的定量数据不多,但要求对问题所包含的因素及其相互关系具体而明确。这种方法适合于多准则、多目标的复杂问题的决策分析,因此被广泛使用。

(4)灰色关联度分析法(Gray Correlation Analysis)。我国学者邓聚龙于1982

年首先提出灰色系统理论。灰色关联度分析(GRA)是根据因素之间发展态势的相似或相异程度来衡量因素间关联的程度,继而揭示事物动态关联的特征和程度。它的基本思想是根据序列曲线几何形状的相似程度来判断其联系是否紧密,曲线相似度越高即曲线越接近,相应序列之间的关联度就越大,反之就关联度越小。

(5)人工神经网络评价法(Artificial Neural Networks)。该方法通过神经网络的自适应、自学习能力和强容错性,借以建立更加接近人类思维模式的定性和定量相结合的综合评价模型。目前具有代表性的网络模型已达数十种,使用最广泛的是由 Rumelhart 等人于 1985 年提出的反向传播(BP)神经网络,其拓扑结构由输入层、隐含层和输出层组成。已有定理证明,二层 BP 网络具有可用性,故只要给定的样本集是真正科学的,其结果是令人信服的。

(6)数据包络分析法(Data Envelopment Analysis,DEA)。著名运筹学家 A. Chames 和 W. Copper 等学者在 1978 年首先提出数据包络分析方法。它以"相对效率"概念为基础,以数学规划为主要工具,以优化为主要方法,根据多指标投入和多指标产出对相同类型的决策单元(可以是部门或者企业等)进行相对有效性或效益评价的一种系统分析方法。根据各决策单元的观察数据判断其是否有效,本质上是来判断决策单元是否处于生产前沿而上。

(7)在自然科学或社会科学研究中,存在着许多定义不很严格或者说具有模糊性的概念,这里所谓的模糊性,主要是指客观事务的差异在中间过渡中的不分明性。为处理分析这些"模糊"概念的数据,便产生了模糊集合论。模糊集理论 1965 年由 L. A. Zadeh 首先提出,其中的一个重要方面——模糊综合评价方法已经受到了广泛的关注,成为一种最为常用而且重要的系统综合评价方法和研究手段。

企业经营管理系统通常是一个复杂的大系统,管理决策问题建立多方案之后如何进行评价决策是一个涉及到企业建设与发展的大问题。由于评价因素多,重要程度不同,评级标准或自然状态模糊,因此应用传统数学方法很难解决,而引用模糊数学实现模糊决策对此是一个重要的发展。

5.2 基于 AHP 的综合模糊评价方法及其缺陷

5.2.1 现有评价方法

在运用综合模糊评价方法进行社会的、经济的以及科学管理领域的系统分析中,经常面临的是一个相互作用、相互制约的、由众多因素构成的复杂系统。因此,越来越多的研究者通过将层次分析法与模糊综合评价方法结合起来,将问题分解为不同的要素,并将这些要素归并为不同的层次,从而形成一个多层次的分析结构模型。

利用基于 AHP 的综合模糊评价方法进行系统的评价分析,国内外已有大量的研究成果(如 Van Laarhoven and Pedrycz, 1983; Buckley, 1985; Chang 1992, 1996; Cheng, 1997; Deng, 1999; Leung and Cao, 2000; Mikhailov, 2004 等)。这些方法通过使用模糊集理论和层次分析法系统的解决了方案选择和判定的问题。对上述研究成果中的方法进行总结,可以发现常用的基于 AHP 的综合模糊评价方法的步骤如下:

(1)取一级指标集:设 $U = (U_1, U_2, \cdots, U_n)$,相应的权重 $W = (w_1, w_2, \cdots, w_n)$。

(2)取二级指标集:设 $U_i = (U_{i1}, U_{i2}, \cdots, U_{im})$,相应权重 $W_i = (w_{i1}, w_{i2}, \cdots, w_{im})$。

(3)确定指标权重。为了使判断定量化,关键在于设法使任意两个方案对于某一准则的相对优越程度得到定量描述。通常通过引入合适的标度(如 1-9 标度法)用数值表示出来,如表 5-1 来构建判断矩阵。

为获得各因素的权重,计算判断矩阵每一行的乘积

$$M_i = \prod_{j=1}^{n} U_{ij}, j = 1, 2, \cdots, n \tag{式 5-1}$$

n 为一级指标下的二级指标的个数。

表 5-1　标度说明

标度	含意
1	表示两个因素相比,具有相同重要性
3	表示两个因素相比,前者比后者稍重要
5	表示两个因素相比,前者比后者明显重要
	表示两个因素相比,前者比后者强烈重要
	表示两个因素相比,前者比后者极端重要
2,4,6,8	表示上述相邻判断的中间值
倒数	若因素 i 与因素 j 的重要性之比为 a_{ij},则因素 j 与因素 i 的重要性之比为 $1/a_{ij}$

由此计算 M_i 的 n 次方根:

$$\overline{W}_i = \sqrt[n]{M_i} \tag{式 5-2}$$

再将向量 $\overline{W}_i = (\overline{w}_1, \overline{w}_2, \cdots, \overline{w}_n)$ 作归一化处理,得到

$$w_i = \overline{w}_i / \sum_{j=1}^{n} \overline{w}_j \qquad \text{(式 5-3)}$$

然后计算最大特征根

$$\lambda_{\max} = \sum_{i=1}^{n} \frac{(U \cdot w^T)}{nw_i} i = \frac{1}{n} \sum_{i=1}^{n} \frac{(U \cdot w^T)}{w_i} i, i = 1, 2, \cdots, n \qquad \text{(式 5-4)}$$

由此得出判断矩阵的一般一致性指标

$$CI = \frac{1}{n-1} (\lambda_{\max} - n) \qquad \text{(式 5-5)}$$

得出 $CR = CI/RI$。

当 $CR < 0.10$ 时,便认为判断矩阵具有可以接受的满意的一致性。

(4)确定评价指标的评语集:设 $v = (v_1, v_2, v_3, \cdots, v_k)$ 是一个模糊评价集,表示评语由高到低的评价顺序。

(5)对每个 U_i 的 m 个因素按模糊模型作综合评价,从 U_i 到 v 的模糊关系用模糊矩阵 R_i 来描述。

$$\widetilde{R}_i = \begin{bmatrix} r_{11} & r_{12} & & r_{1k} \\ r_{21} & r_{22} & & r_{1k} \\ & & \cdots & \\ r_{m1} & r_{m2} & & r_{mk} \end{bmatrix}$$

其中,r_{ij} 表示专家参考评语集 v 对因素 i 的评价。

(6)利用模糊矩阵合成运算得到 U_i 的综合评价模型 B_i,对于模糊矩阵的合成运算可采用矩阵乘法:

$$\widetilde{B}_i = W_{i5} \cdot \widetilde{R}_{i5} = (b_{i1}, b_{i2}, \cdots, b_{i1}) \qquad \text{(式 5-6)}$$

(7)对 U 的 n 个因素按模糊模型做综合评价。从 U 到 v 的模糊关系可以用模糊矩阵 $\widetilde{R}$ 来表示。

$$\widetilde{R} = \begin{bmatrix} B_1 \\ B_2 \\ \cdots \\ B_n \end{bmatrix} = \begin{bmatrix} b_{11} & b_{12} & \cdots & b_{1k} \\ b_{21} & b_{22} & \cdots & b_{2k} \\ & & \cdots & \\ b_{n1} & b_{n2} & \cdots & b_{nk} \end{bmatrix}$$

再对 $\widetilde{R}$ 进行模糊矩阵合成运算,得到 U 的综合评价结果。

$$\widetilde{B} = W_i \cdot \widetilde{R} = (b_1, b_2, \cdots, b_k) \qquad \text{(式 5-7)}$$

(8)设 $C = (c_1, c_2, \cdots, c_k)^T$ 是一个分数集,它是一个列向量,表示评价集 v 中的各因素的标准分数。

(9)利用向量的乘积,计算出评分值 Z,Z 是一个代数值,

$$Z = \widetilde{B} \cdot C \qquad \text{(式 5-8)}$$

综上所述 U, v, R 构成一个基于 AHP 的综合模糊评价的数学模型,通过将模糊变换和层次分析法的结合,把 U_i 上的对评语集 v 的模糊评价子集 $\widetilde{R}_i$ 转化为 U 对的模糊子集 $\widetilde{R}$,通过与分数集 C 乘积,可以得出对问题 U 的模糊综合评价。

5.2.2 现有评价方法的缺陷

现有的基于 AHP 的多层次模糊综合评价方法虽然可以通过定性与定量相结合的方法对问题 u 进行综合评价,但这种方法也存在着以下若干缺陷:

(1)指标体系的划分主观性过强。现有方法对评价问题指标体系的划分大多依据经验获得:或者通过邀请专家构建,或者通过查阅文献分析获得。在综合评价过程的初始阶段,就掺杂过多的主观因素,容易忽略比较重要的评价因素或将无足轻重的因素带入评价体系,从而使整个评价结果不能真实的反映客观实际。

(2)很少考虑群组评价。现有方法忽略了人为判断的可靠性及以人为主观判断作为评价结果的合理性问题。即使是经验丰富的专家,也可能会由于背景和态度的差异,对同一要素作出态度完全不同的评价,从而影响评价的结果。

(3)通过对评价因素的两两比较得到判断矩阵从而确定权重的方法,带有很大的主观随意性。主观赋权法存在人为判断的可靠性及以人为主观判断作为赋权基础的合理性问题。首先,在同一指标的权重在不同环境下征询同一专家的意见,其结果会有差异;其次,在判断某一指标的重要程度时,由于个体熵值参差不齐,致使赋权过程无法在同一基础上进行比较或处理;再次,某些指标的重要程度有时并不能描述的很准确,只能用一种模糊的观念进行判断;最后,有些问题及其内在的相互联系已非人的主观意识所能判断。此外,随着判断矩阵阶数 n 的扩大,人为造成判断误差会引起一致性指标 CZ 偏离可以接受程度。因此,若完全采用主观赋权法来确定权重,有时会使赋权结构既不合理又不准确。

(4)忽视个人在作出判断时存在一定的模糊性。现有方法将评价集 v 简单的与确定的分数集 s 一一对应,虽然具有简单明了和使用方便的特点,但往往与实际情况不符,从而使最终很难得到客观、真实的评价结果,因为常识告诉我们人们的评价通常是在一定的判断区间内选取,而不是基于一个准确的数值。

5.3 改进的基于 AHP 的多层次综合模糊评价方法

概括而言,上述评价方法在评价过程中带有过多的主观性是一个重要的缺陷,为了使评价结果更为客观真实的反映评价问题,u 本书针对现有的基于 AHP 的多层次综合模糊评价方法作出了若干重要的改进以提高评价结果的客观性,主要体现在:应用消费者实证调研的数据,采用主成份分析法建立指标层次体系;采用验证性因子分析中的潜变量得分经过适当处理决定评价因素的权重;采用三角模糊数将分数集改进为模糊分数集,使之更能真实的反映评价集与分数集的对应关系;以及采用多位专家对方案进行评估,用平均三角模糊数表示最终的评价结果等方面。

5.3.1 指标层次结构的建立

指标层次结构的建立是根据对问题的分析和了解,将问题所包含的因素按照是否具有某些特性将它们归纳成组,并把它们之间的共同特性看成是系统中新的层次中的一些因素,而这些因素本身也按照另外一组特性组合起来,形成另外更高层次的因素,直到最终形成单一的最高层次因素,这一过程通常是通过邀请专家构建或通过查阅文献分析作出的。

为了改进在 5.2.1 中 1、2 步中划分指标层次结构时主观性太强的缺点,采用在消费者实际调研数据的基础上应用主成分分析法建立指标层次结构。应用这种方法,能从调研数据的内部结构出发,客观确定各个指标因素的归属关系,避免主观随意性,且可以通过指标变量变换消除指标间的相关性形成相互独立的主成分,因此在指标层次结构的建立过程中更为合理。

本节利用了第三章的研究成果,将顾客需求程度较低的移动商务应用模式均排除在指标体系之外,并利用通过探索性因子分析形成的面向顾客需求的移动商务应用分类模型,建立起基于客户需求的移动商务竞争力评价指标体系,以各移动商务应用类别作为指标体系的一级指标,以具体的各种移动商务应用模式作为二级指标。

设评价问题 $U = (U_1, U_2, \cdots, U_n)$,相应的权重 $W = (w_1, w_2, \cdots, w_n)$。其中 w_i 是第 i 个一级指标在总目标 U 中的权重,且满足 $\sum_{i=1}^{n} w_i = 1, (a_i \geqslant 0), U_i \cap U_j = \emptyset$,其中 $i = 1, 2, \cdots, n; j = 1, 2, \cdots, n; i \neq j$。每个子集 $U_i (i = 1, 2, \cdots, n)$ 又由相应的二级指标构成。

取二级指标集：设 $U_i = (U_{i1}, U_{i2}, \cdots, U_{im})$，相应的权重 $w_i = (w_{i1}, w_{i2}, \cdots, w_{im})$。$w_{is}$ 表示 U_{is} 在 U_i 中的权重，且满足 $\sum_{s=1}^{m} w_{is} = 1, (w_{is} \geq 0), U_{is} \cap U_{ij} = \emptyset$，其中 $s = 1, 2, \cdots, m; l = 1, 2, \cdots, m; s \neq l$。

形成的面向顾客需求的移动商务竞争力评价指标体系如表5-2所示。

表5-2 面向顾客需求的移动商务竞争力评价指标体系

评价问题	一级指标		二级指标
移动商务竞争力评价因素集	移动金融	U_1	旅行定票、预定宾馆
			高级金融服务
	多媒体交互	U_2	网上聊天
			可视电话
	小额支付	U_3	电子支付
			手机银行
			网上购物
	移动办公	U_4	移动库存管理
			移动供应链管理
			用网络进行个人日程安排
	手机阅读	U_5	手机新闻
			手机新闻组
	商务信息	U_6	获得关心的打折信息
			接收个人关注的商品信息
			获得具有时间敏感性的优惠券
			获得具有位置敏感性的优惠券
	移动博彩	U_7	手机彩票
			赛事竞猜
	4G特色业务	U_8	基于位置信息的服务（LBS）
			云计算业务

5.3.2 指标权重的确定

权重集是表示各个指标在指标体系中重要程度的集合。如何消除过多的人为影响因素并客观确定各指标的权重,是综合评价研究的重要内容。权重的确定方法主要有主观赋权法和客观赋权法两种方法。

在实际操作中,经常采用主观赋权法,将德尔菲(Delphi)法与层次分析法相结合,通过层次分析法对初始权重进行处理和检验,以生成各层指标的权重。指标权重确定的详细过程,见 5.2.1 中步骤 3 所示。

相比之下,客观赋权法则主要依据原始数据之间的关系来确定评价因素的权重,通过客观分析各指标标准化后的数据,按照一定的规律或规则进行自动赋权,避免了主观赋权法主观性太强的弊病。

因子分析法从研究相关矩阵内部系统影响出发,再现指标与因子(综合指标 u_i)之间的相互关系,旋转后的因子载荷矩阵刻画了各指标在因子中的作用及重要程度,因此经常用来进行客观赋权。因子分析方法的优点在于可以消除评价指标之间的相关影响,即通过指标变量变换消除指标间的相关性,形成相互独立的主成分。因子分析法可减少指标,减轻工作量;能客观确定各个指标的权重,避免主观随意性。因子分析可以深刻刻画公共因子(综合指标)与待评价问题之间的权重关系,但由于因子分析法无法确定公共因子与评价要素之间的权重关系,因此也不是一种优良的客观赋权方法。

与因子分析方法相类似,结构方程模型中的测量模型(Measurement Model)即验证性因子分析(CFA)获得的潜变量得分,可以将之作为中间产物做进一步的统计分析。CFA 模型的潜变量得分不同于 EFA 模型的因子得分。在 EFA 模型中,提取公因子时存在信息损失,而 CFA 模型的潜变量得分则充分利用了原始信息,而且考虑到了测量误差的存在。同时 CFA 模型中的潜变量得分还包含了公共因子与评价因素间的关系,因此本书更倾向于采用潜变量得分作为中间结果做进一步的分析。有赖于验证性因子分析所获得的潜变量得分为标准化得分,其理论分布为 N(0,1),其实际分布与原始可观察变量的合计得分一致:如果合计得分为正态分布,那么由因子载荷计算得到的潜变量得分也接近正态分布;合计得分为偏态分布,潜变量得分也为偏态分布,即 CFA 模型所获得的潜变量得分不会偏离原来的分布。

基于以上分析,本书引入了一种新的确定评价因素权重的方法,即采用验证性因子分析(CFA)模型中参数估计的各因素的完全标准化得分进行归一化处理后,作为各评价因素间的权重。由 4.5 中移动商务竞争力二阶因子模型,将相关标准化得分归一化处理后得到指标的权重集如表 5-3 所示。

表 5-3 指标权重的确定

一级指标 W			二级指标 W_i	
移动商务竞争力评价因素集	移动金融	$W_1=0.0868$	旅行定票、预定宾馆	$W_{11}=0.3099$
			高级金融服务	$W_{12}=0.6901$
	多媒体交互	$W_2=0.1169$	网上聊天	$W_{21}=0.3962$
			可视电话	$W_{22}=0.6038$
	小额支付	$W_3=0.1536$	电子支付	$W_{31}=0.3304$
			手机银行	$W_{32}=0.3040$
			网上购物	$W_{33}=0.3656$
	移动办公	$W_4=0.1469$	移动库存管理	$W_{41}=0.3303$
			移动供应链管理	$W_{42}=0.4220$
			用网络进行个人日程安排	$W_{43}=0.2477$
	手机阅读	$W_5=0.1119$	手机新闻	$W_{51}=0.5370$
			手机新闻组	$W_{52}=0.4630$
	商务信息	$W_6=0.1519$	获得关心的打折信息	$W_{61}=0.2516$
			接收个人关注的商品信息	$W_{62}=0.2671$
			获得具有时间敏感性的优惠券	$W_{63}=0.2453$
			获得具有位置敏感性的优惠券	$W_{64}=0.2360$
	移动博彩	$U_7=0.1486$	手机彩票	$U_{71}=0.4830$
			赛事竞猜	$U_{72}=0.5170$
	4G 特色业务	$U_8=0.0835$	基于位置信息的服务(LBS)	$U_{81}=0.5965$
			云计算业务	$U_{82}=0.4035$

5.3.3 确定评价指标的评语集

对于上述评价体系,相应的采用以下评价集 $V = (V_1, V_2, V_3, \cdots V_k)$ 用于评价。在本研究中,采用二元对比模糊语言建立评语集,$V = $(很好,好,一般,较差,差)。

对应 u 中的某一评价指标,根据模糊优先关系知识,一般而言设置模糊语言数值化分值来确定评价因素的具体表现。

表 5-4 模糊语言数值化分值表

二元对比模糊语言	很好	好	一般	差	较差
数值化分值	9	7	5	3	1

通过专家对各个评价指标的评定,可以得到各评价因素的模糊评语集。

5.3.4 建立基于三角模糊数的标准分数集

表 5-4 中显示的二元对比模糊语言评语集与数值化的分值对应关系是一种理想的状态,通常人们对评价因素作出判断得出评价语是在一定的区间内,而不是基于一个准确的数值。现有方法将评价集 V 简单的与准确的分数集 c 一一对应,显然与客观实际不符。为了改进评语集与分数值的对应关系,使之更能客观真实的反映与评价集 v 对应的分数集,本书采用三角模糊数(TFN)将分数集 C 改进为模糊分数集 $\tilde{C}$。

1. 三角模糊数(TFN)及运算

一个三角模糊数 $\tilde{N} = \{(x, u\tilde{N}(x)) x \in R,\}$,是定义在实数域 R 上的正规凸模糊集,$\mu\tilde{N}(x)$ 为从 R 到 $[0,1]$ 上的连续映射。模糊数 $\tilde{N}$ 的隶属度函数如图 5-2 所示。

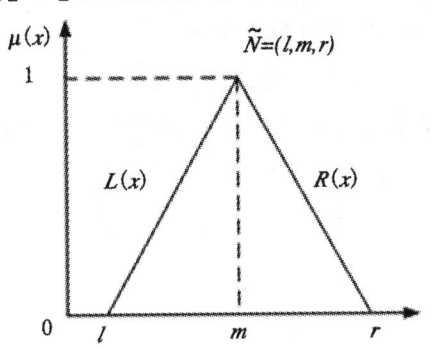

图 5-2 三角模糊数的隶属度函数

该模糊数的一般表达式为：

$$\mu(x) = \begin{cases} 1 & x = m \\ \dfrac{x-l}{m-l} & l \leqslant x \leqslant m \\ \dfrac{r-x}{r-m} & m \leqslant x \leqslant r \\ 0 & 其他 \end{cases} \quad (式5\text{-}9)$$

若 $L(x)$ 与 $R(x)$ 均为线性函数，则称 $\widetilde{N}$ 为三角模糊数，记为 $\widetilde{N} = (l,m,r)$，$1 \leqslant m \leqslant r$s，则三角模糊数可以表示为

$\forall \alpha \in [0,1]$，则有

$$\widetilde{N}_\alpha = [l^\alpha, r^\alpha] = [(m-l)\alpha + l, -(r-m)\alpha + r] \quad (式5\text{-}10)$$

模糊数的基本运算规则如下[①]：

$\forall m_l, m_R, n_L, n_R \in R^+ \quad \widetilde{M}_\alpha = [m_l^\alpha, m_R^\alpha] \quad \widetilde{N}_\alpha = [n_l^\alpha, n_R^\alpha] \quad \alpha \in [0,1]$
使得

$$\widetilde{M} \oplus \widetilde{N} = [m_L^\alpha + n_L^\alpha, m_R^\alpha + n_R^\alpha] \quad (式5\text{-}11)$$

$$\widetilde{M} \ominus \widetilde{N} = [m_L^\alpha - n_L^\alpha, m_R^\alpha - n_R^\alpha] \quad (式5\text{-}12)$$

$$\widetilde{M} \otimes \widetilde{N} = [m_L^\alpha n_L^\alpha, m_R^\alpha n_R^\alpha] \quad (式5\text{-}13)$$

$$\widetilde{M}/\widetilde{N} = [m_L^\alpha/n_L^\alpha, m_R^\alpha/n_R^\alpha] \quad (式5\text{-}14)$$

2. 建立基于 TFN 隶属度函数

为了将准确的评价分数转换为评价区间，如图 5-2 本书采用三角模糊数 $\widetilde{1}\text{-}\widetilde{9}$ 模糊标度法代替精确化数值化分值 1-9，建立基于 TFN 的模糊分数集。

则原分数集向量 C 转化模糊分数集向量 $\widetilde{C}$。

$$\widetilde{C} = (\widetilde{9}, \widetilde{7}, \widetilde{5}, \widetilde{3}, \widetilde{1})^T$$

若给定定义区间的置信水平 α，则由三角模糊数的定义有，由公式 5-10 有：

$\widetilde{1}_\alpha = [0, 3-2\alpha] \quad \widetilde{3}_\alpha = [1+2\alpha, 5-2\alpha]$
$\widetilde{5}_\alpha = [3+2\alpha, 7-2\alpha] \quad \widetilde{7}_\alpha = [5+2\alpha, 9-2\alpha] \quad \widetilde{9}_\alpha = [7+2\alpha, 11-2\alpha]$

[①] 刘普寅,吴孟达.模糊理论及其应用[M].长沙:国防科技大学出版社,1998.

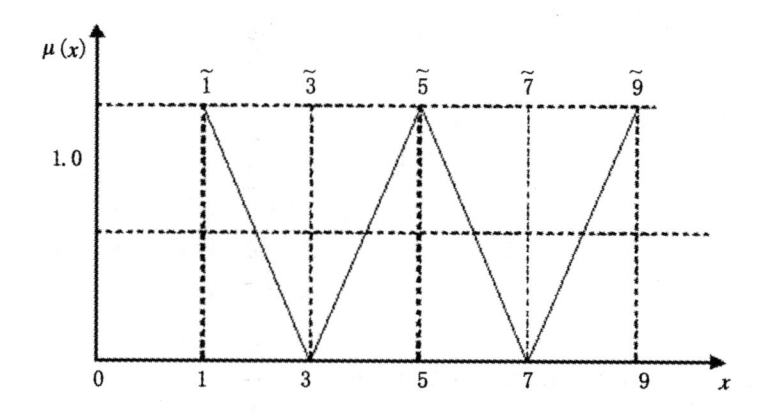

图 5-3 基于三角模糊数的隶属度函数

我们通常假设置信区间 $\alpha = 0.5$，则模糊分数集向量转化为

$$\widetilde{C} = ((8,9,10),(6,7,8),(4,5,6),(2,3,4),(0,1,2))^T$$

5.3.5 专家群组评价

为了提高人为判断的可靠性以及人为主观判断作为评价结果的合理性，在进行模糊综合评价时，采用位专家对方案进行评价，用各专家评价的平均三角模糊数形成的群组评价来表示最终的综合评价结果。

设

$$a_{ij} = \frac{1}{N}\sum_{k=1}^{N} l_i^{(k)}, b_{ij} = \frac{1}{k}\sum_{k=1}^{N} m_i^{(k)}, c_{ij} = \frac{1}{N}\sum_{k=1}^{N} r_i^{(k)} \quad \text{(式 5-15)}$$

$i = 1,2,\cdots,n$ 表示一级指标的序号。

$j = 1,2,\cdots,m$ 表示二级指标的序号。

得到对某一因素评价分数集的平均三角模糊数评价结果 $\widetilde{R}$。

$$\widetilde{R}_{ij} = r_{ij}(a_{ij},b_{ij},c_{ij}) \quad \text{(式 5-16)}$$

5.3.6 获得综合评价结果

设 B_i 为对 U_i 的二级指标模糊评价结果，设 B 为对 U 的综合模糊评价结果，则有

$$\widetilde{B}_i = W_{ij} \cdot \widetilde{R}_{ij} = ((a_1,b_1,c_1),(a_2,b_2,c_2),\cdots,(a_i,b_i,c_i)) \quad \text{(式 5-17)}$$

对 U 的 n 个因素按权重进行合成运算,得到 U 的综合评价结果

$$\widetilde{B} = W_i \cdot \widetilde{B}_i = (a,b,c) \tag{式 5-18}$$

5.3.7 评价结果的衡量

为了便于衡量,我们采用求三角模糊数期望值的方法求出归集结果的期望值,使最后评价结果去模糊化变为一个标准分数。对于清晰数的比较大小是一件十分容易的事情,只要区分这两个数在实数轴上的顺序就可以,但对模糊数来讲却比较复杂。目前将模糊数比较大小的方法主要有 Adamo、Yager、Hamming 距离等方法,但效果均不是很好。在此,我们利用三角模糊数的隶属函数来计算三角模糊数的期望值用以将模糊数去模糊化后衡量评价结果。

对于综合评价结果 $\widetilde{B}$,则有 $\widetilde{B}=(a,b,c)$

它的左隶属度函数为

$$f\frac{L}{\mu} = \frac{x-a}{b-a} \tag{式 5-19}$$

右隶属度函数为

$$f\frac{R}{\mu i} = \frac{c-x}{c-b} \tag{式 5-20}$$

由公式 5-19 和 5-20 得左右隶属度函数的逆函数

$$g\frac{L}{\mu}(y) = a + (b-a)y \tag{式 5-21}$$

$$g\frac{R}{\mu}(y) = c + (b-c)y \tag{式 5-22}$$

由于它们都是一元线性函数,由系数可以判断在区间[0,1]中,前者是单调增函数,后者是单调减函数。$\widetilde{\mu}$ 的左期望值和右期望值分别可以表示如下:

$$I_L(\widetilde{\mu}) = \int_0^1 g\frac{L}{\mu}(y)dy = \int_0^1 [a+(b-a)y]dy = (a+b)/2 \quad (式 5-23)$$

$$I_R(\widetilde{\mu}) = \int_0^1 g\frac{R}{\mu}(y)dy = \int_0^1 [c_i+(b-c)y]dy = (b+c)/2 \quad (式 5-24)$$

则有

$$I(\hat{\mu}) = \mu I_L(\hat{\mu}) + (1-\hat{\mu})I_R(\hat{\mu}), \mu \in [0,1] \tag{式 5-25}$$

在公式 5-20 中,μ 表示严格系数,代表专家在评价过程中的严格程度。若 $\mu < 0.5$,则表示放松要求状态;若 $\mu = 0.5$,则表示呈中立状态;若 $\mu > 0.5$,表示要求严

格状态。公式 5-25 可进一步化为：

$$I(\hat{\mu}) = [\mu a + b + (1-\mu)c]/2, i = 1,2,\cdots,k \qquad \text{（式 5-26）}$$

易知，$I(\hat{\mu})$ 期望值越大，表明模糊评价值越高，据此可将模糊评价 $\tilde{B}$ 去模糊化变为 $I(\hat{\mu})$。

为了符合人们日常的评价习惯，便于更直观、方便的分析，我们可以对评价的去模糊化得分进一步化为百分制：

$$S = I(\hat{\mu})/9 \times 100 \qquad \text{（式 5-27）}$$

S 就是对某一评价问题 U 的最终评价得分值。

5.4 模糊综合评价——一个基于改进方法的实例

为验证上述综合模糊评价体系的实用性，我们发现某移动运营商在进行前期市场策划时提出了两种 4G 市场的业务推广方案。Ⅰ方案的战略重点在于多媒体交互、移动办公、移动博彩和 4G 特色业务的推广方面，Ⅱ方案的战略重点在于商务信息、移动金融、小额支付和 4G 特色业务方面。由于策划团队不同，两种方案在各种业务策划的具体手段和实际效果上也有区别，具体的策划方案从略。我们邀请了河南移动领导层富有经验的 10 位专家，要求他们对两种方案中各种应用模式推广效果的预期市场表现作出具体评价，评价的结果如表 5-5 和表 5-6 所示。

表 5-5 对方案Ⅰ的专家评价意见表

评价问题	U	U_i	评语集				
			很好	好	一般	差	较差
移动商务竞争力评价因素集	U_1	U_{11}	0	2	6	2	0
		U_{12}	0	0	9	1	0
	U_2	U_{21}	8	1	1	0	0
		U_{22}	7	3	0	0	0
	U_3	U_{31}	0	1	7	2	0
		U_{32}	0	1	6	3	0
		U_{33}	0	2	8	0	0

续表

评价问题	U	U_i	评语集				
			很好	好	一般	差	较差
移动商务竞争力评价因素集	U_4	U_{41}	8	2	0	0	0
		U_{42}	7	3	0	0	0
		U_{43}	6	3	1	0	0
	U_5	U_{51}	0	0	7	3	0
		U_{52}	0	0	2	8	0
	U_6	U_{61}	0	1	9	0	0
		U_{62}	0	2	8	0	0
		U_{63}	0	0	1	9	0
		U_{64}	0	0	0	8	2
	U_7	U_{71}	9	1	0	0	0
		U_{72}	8	2	0	0	0
	U_8	U_{81}	8	1	1	0	0
		U_{82}	7	2	1	0	0

表 5-6 对方案 Ⅱ 的专家评价意见表

评价问题	U	U_i	评语集				
			很好	好	一般	差	较差
移动商务竞争力评价因素集	U_1	U_{11}	9	1	0	0	0
		U_{12}	8	1	1	0	0
	U_2	U_{21}	0	1	3	6	0
		U_{22}	0	1	2	7	0
	U_3	U_{31}	7	1	2	0	0
		U_{32}	9	1	0	0	0
		U_{33}	8	2	0	0	0

续表

评价问题	U	U_i	评语集				
			很好	好	一般	差	较差
移动商务竞争力评价因素集	U₄	U₄₁	0	2	8	0	0
		U₄₂	0	3	7	0	0
	U₅	U₄₃	0	3	7	0	0
		U₅₁	0	0	7	3	0
		U₅₂	0	0	2	8	0
	U₆	U₆₁	0	8	2	0	0
		U₆₂	1	8	1	0	0
		U₆₃	0	7	3	0	0
	U₇	U₆₄	1	1	8	0	0
		U₇₁	0	0	2	8	0
		U₇₂	0	0	1	1	8
	U₈	U₈₁	9	1	0	0	0
		U₈₂	6	4	0	0	0

由 5.3.5 中公式 5-15,将二元对比模糊语言评语集转化为模糊分数集得到方案Ⅰ和方案Ⅱ的群组专家评价的结果 $\tilde{R}I_{ij}$ 和 $\tilde{R}II_{ij}$,分别用平均三角模糊数表示,见表 5-7 和表 5-8。

表 5-7 方案Ⅰ专家群组评价结果

评价因素集	$\tilde{R}I_{ij}$
U₁₁	(4,5,6)
U₁₂	(3.8,4.8,5.8)
U₂₁	(7.4,8.4,9.4)
U₂₂	(7.4,8.4,9.4)
U₃₁	(3.8,4.8,5.8)
U₃₂	(3.6,4.6,5.6)
U₃₃	(4.4,5.4,6.4)

续表

评价因素集	$\widetilde{R}I_{ij}$
U$_{41}$	(7.6, 8.6, 9.6)
U$_{42}$	(7.4, 8.4, 9.4)
U$_{43}$	(7, 8, 9)
U$_{51}$	(3.4, 4.4, 5.4)
U$_{52}$	(2.4, 3.4, 4.4)
U$_{61}$	(4.2, 5.2, 6.2)
U$_{62}$	(4.4, 5.4, 6.4)
U$_{63}$	(2.2, 3.2, 4.2)
U$_{64}$	(1.6, 2.6, 3.6)
U$_{71}$	(7.8, 8.8, 9.8)
U$_{72}$	(7.6, 8.6, 9.6)
U$_{81}$	(7.4, 8.4, 9.4)
U$_{82}$	(7.2, 8.2, 9.2)

表 5-8 方案Ⅱ专家群组评价结果

评价因素集	$\widetilde{R}I_{ij}$
U$_{11}$	(7.8, 8.8, 9.8)
U$_{12}$	(7.4, 8.4, 9.4)
U$_{21}$	(3, 4, 5)
U$_{22}$	(2.8, 3.8, 4.8)
U$_{31}$	(7, 8, 9)
U$_{32}$	(7.8, 8.8, 9.8)
U$_{33}$	(7.6, 8.6, 9.6)
U$_{41}$	(4.4, 5.4, 6.4)
U$_{42}$	(4.6, 5.6, 6.6)
U$_{43}$	(4.6, 5.6, 6.6)
U$_{51}$	(3.4, 4.4, 5.4)

续表

评价因素集	$\widetilde{R}I_{ij}$
U_{52}	(2.4, 3.4, 4.4)
U_{61}	(5.6, 6.6, 7.6)
U_{62}	(6, 7, 8)
U_{63}	(5.4, 6.4, 7.4)
U_{64}	(4.6, 5.6, 6.6)
U_{71}	(2.4, 3.4, 4.4)
U_{72}	(0.6, 1.6, 2.6)
U_{81}	(7.8, 8.8, 9.8)
U_{82}	(7.2, 8.2, 9.2)

由公式 5-17，则方案 I 各一级指标的综合模糊评价结果计算如下：

$\widetilde{B}_1 \text{I} = (3.8620, 4.8620, 5.8620)$

$\widetilde{B}_2 \text{I} = (7.4000, 8.4000, 9.4000)$

$\widetilde{B}_3 \text{I} = (3.9586, 4.9586, 5.9586)$

$\widetilde{B}_4 \text{I} = (7.3670, 8.3670, 9.3670)$

$\widetilde{B}_5 \text{I} = (2.9370, 3.9370, 4.9370)$

$\widetilde{B}_6 \text{I} = (3.1492, 4.1492, 5.1492)$

$\widetilde{B}_7 \text{I} = (7.6966, 8.6966, 9.6966)$

$\widetilde{B}_8 \text{I} = (7.3193, 8.3192, 9.3193)$

方案 II 各一级指标的综合模糊评价结果计算如下：

$\widetilde{B}_1 \text{II} = (7.5240, 8.5240, 9.5240)$

$\widetilde{B}_2 \text{II} = (2.8792, 3.8792, 4.8792)$

$\widetilde{B}_3 \text{II} = (7.4626, 8.4626, 9.4626)$

$\widetilde{B}_4 \text{II} = (4.5339, 5.5339, 6.5339)$

$\widetilde{B}_5 \text{II} = (2.9370, 3.9370, 4.9370)$

$\widetilde{B}_6 \text{II} = (5.4218, 6.4218, 6.4218)$

$\widetilde{B}_7 \text{II} = (1.4694, 2.4694, 3.4694)$

$\widetilde{B}_8 \text{II} = (7.5579, 8.5579, 9.5579)$

则有

$\widetilde{B}_i \text{I} = ((3.8620, 4.8620, 5.8620), (7.4000, 8.4000, 9.4000), (3.9586, 4.9586, 5.9586), (7.3670, 8.3670, 9.3670), (2.9370, 3.9370, 4.9370), (3.1492, 4.1492, 5.1492), (7.6966, 8.6966, 9.6966), (7.3193, 8.3193, 9.3193))^T$

$\widetilde{B}_i \text{II} = ((7.5240, 8.5240, 9.5240), (2.8792, 3.8792, 4.8792), (7.4626, 8.4626, 9.4626), (4.5339, 5.5339, 6.5339), (2.9370, 3.9370, 4.9370), (5.4218, 6.4218, 6.4218), (1.4694, 2.4694, 3.4694), (7.5579, 8.5579, 9.5579))^T$

由公式 5-18

$\widetilde{B} \text{I} = (5.4524, 6.4524, 7.4524) \quad \widetilde{B} \text{II} = (4.8036, 5.8036, 6.8036)$

假设各位评审专家在评价过程中要求较为严格,则取严格系数 $\mu = 0.6$,由公式 5-26 易知两方案的期望值

$I(\hat{\mu}_\text{I}) = 6.3524 \quad I(\hat{\mu}_\text{II}) = 5.7036$

由公式 5-27,方案 I 和方案 II 的最终评价得分为

$S_\text{I} = 70.58 \quad S_\text{II} = 63.37$

综合评价结果显示,在 4G 市场环境下对移动商务业务的初期推广中,采用方案 I 更能够满足顾客对移动商务应用的需求,也更容易获得消费者的认可。选择方案 I 作为 4G 市场业务发展的战略进行市场推广,较方案 II 能够为运营企业赢得更大的竞争优势。

5.5 小结

现有多层次综合模糊评价方法大多存在主观性太强的缺点,因此综合评价的结果往往不能客观的反映实际情况。本章提出了一种改进的基于 AHP 的多层次综合模糊评价方法,构建了一个移动商务竞争力的评价体系,与原有方法相比,新的方法改进了划分指标层次结构时主观性太强的缺点,采用主成分分析法用以建立指标层次结构,客观确定各个指标因素的归属关系;提出了一种新的确定评价因

第五章 面向顾客需求的移动商务竞争力评价体系

素权重的方法,即采用验证性因子分析(CFA)模型中参数估计的各因素的完全标准化得分归一化后,作为各评价因素间的权重;重点研究了用三角模糊数(TFN)将精确分数集改进为模糊分数集,提高人为判断的可靠性以及评价结果的合理性;采用多位专家对备选方案进行评价,群组评价的结果采用平均三角模糊数表示;并运用求三角模糊数期望值的方法求出归集结果的期望值,使最后评价结果去模糊化变为一个标准分数,运用该方法可以综合考虑多种因素,便于运营商做出最有竞争力的战略选择与决策。在本章最后,为了验证该方法的实用性给出了一个面向顾客需求的移动商务竞争战略选择评价的计算实例。

第六章　基于 AHP 的综合模糊评价原型系统研究

本书第五章提出的改进综合模糊评价方法虽然可以较为准确的帮助企业进行移动商务市场的战略决策,但要求综合考虑指标体系、因素权重和待评方案,获得最终评价结果需要进行大量复杂计算。随着 4G 市场的发展和移动商务应用新模式的不断出现,不可避免的会出现备选方案的迅速增加,随之而来的计算工作量也将成倍增加,而且考虑到市场战略制定人员多数不具备专业的评价计算专业知识,因此开发一套计算机辅助决策的原型系统来自动执行综合模糊评价的计算过程就显得十分必要。

6.1　原型系统开发背景

基于 AHP 的商业化软件包,如 Expert Choice(Expert Choice,2006)已经被广泛应用于解决层次分析问题,使用该软件可以快速的计算出综合评价结果,大大提高决策的质量和效率,然而目前还没有一款基于 AHP 的综合模糊评价软件进入市场,这就制约了多层次模糊评价方法的进一步推广和应用。本章基于以上背景在第五章研究的基础上进一步开发了一套基于 AHP 的模糊评价原型系统。该原型系统基于 B/S 结构的综合模糊评价系统软件,集提供评价项目的建立、指标体系的构建、专家评价方法选择和查询输出等功能于一体,通过提供传统的综合模糊评价和改进的综合模糊评价两种方法对备选方案进行评价。该系统的开发,改变了多层次模糊综合评价长期采用手工计算的局面,并且无需将专家聚集在一起即可通过网络进行方案的评价和选择,支持使用者在动态多变的市场竞争环境中快速做出战略决策,因而可以帮助企业在更为激烈的市场竞争中赢得优势。

基于 AHP 的模糊评价原型系统软件的开发环境为 Windows XP/Microsoft VS.NET 2005,开发语言为 C♯。系统运行环境为 Windows XP/Microsoft.NET Framework 2.0,Microsoft IIS(Internet Information Server)为系统 Web 服务器,默认的数据库管理系统为 Oracle 9i,数据库的连接接口采用 ADO.NET,系统管理和用户界面均采用 Internet Explorer 浏览器进行操作。需要指出的是,该原型系统具有一定的通用性,不但能够解决本书所提出的移动商务战略方案选择问题,还可以用于一般问题的综合模糊评价决策。

6.2 原型系统的设计

为了增加软件的通用性,基于 AHP 的模糊评价原型系统不但实现了本书第五章提出的综合模糊评价方法,还将传统的采用因素比较矩阵确定指标权重的传统综合模糊评价方法的计算也纳入到本系统中,系统工作的流程框图如图 6-1 所示。

6.2.1 原型系统的功能模块划分

IDEF0 方法是美国空军在 1981 年公布的一体化计算机辅助制造(Integrated Computer Aided Manufacturing,简称 ICAM)工程项目中应用的一种用于复杂系统分析与设计的方法,该方法是美国空军在结构化系统分析与设计技术的基础上提出的一种较好的系统分析与设计方法。IDEF0 方法利用图形符号和自然语言,按照自顶向下,逐层分解的结构化方法描述或建立系统的功能模型,已被广泛应用于世界各地的计算机应用系统的分析与设计领域,并取得了令人满意的效果。

本书即采用 IDEF0 方法对基于 AHP 的模糊评价原型系统进行分析,发现该原型系统可划分为:新建项目、改进的综合模糊评价、传统的综合模糊评价、专家评价和模糊计算输出 5 个模块。图 6-2 为该原型系统的 IDEF0 功能模型图,从该图中可以从全局角度设计该原型系统内部 5 个模块以及各个模块之间的输入输出关系,为进一步的系统设计打下良好的基础。

6.2.2 系统实现的关键技术研究

开发基于 AHP 的模糊评价原型系统的一个重要保证是良好的数据库设计。在数据结构设计的过程中,难点在于评价体系结构是动态生成的,评价体系层数和各子评价因素的个数均是未知的,由此所导致的因素间的比较权重矩阵、评价打分矩阵的结构也是未知的,因此很难预先建立固定的数据存储结构。

解决上述关键问题要点是建立动态存储扩展的指标体系表结构,所有子类的数据表都由此数据表继承得来。从面向对象的观点来看,子类可以继承父类的属性,而子类还可以定义它自己特有的属性和操作。由于子类继承父类的所有属性和操作,这样,子类的属性和操作是子类中的定义部分和父类中的定义部分两者的总和。根据上述观点,为了实现数据库系统的动态性,可以构造一个包含所有子类属性的父类,而不同的子类从父类继承得来的属性。由上述原理,通过对指标体系

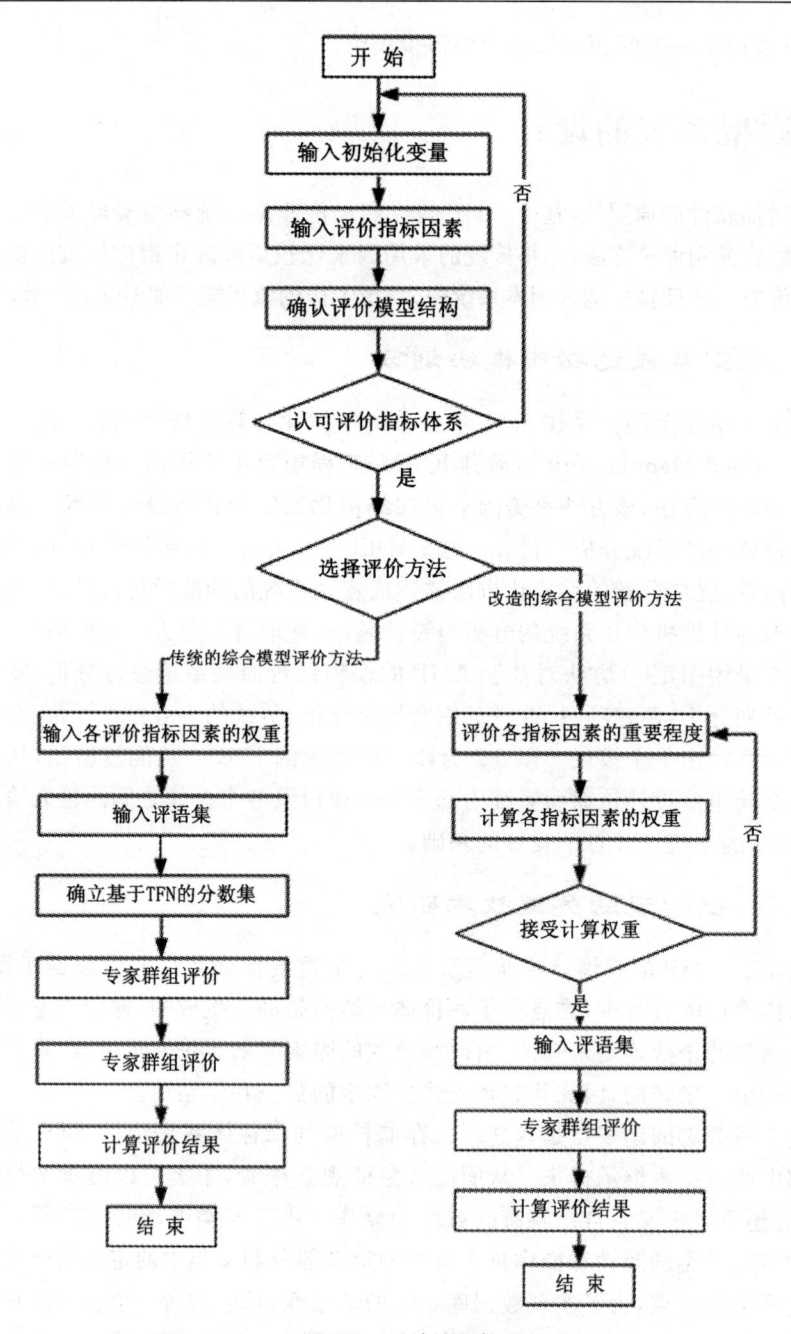

图 6-1 系统流程框图

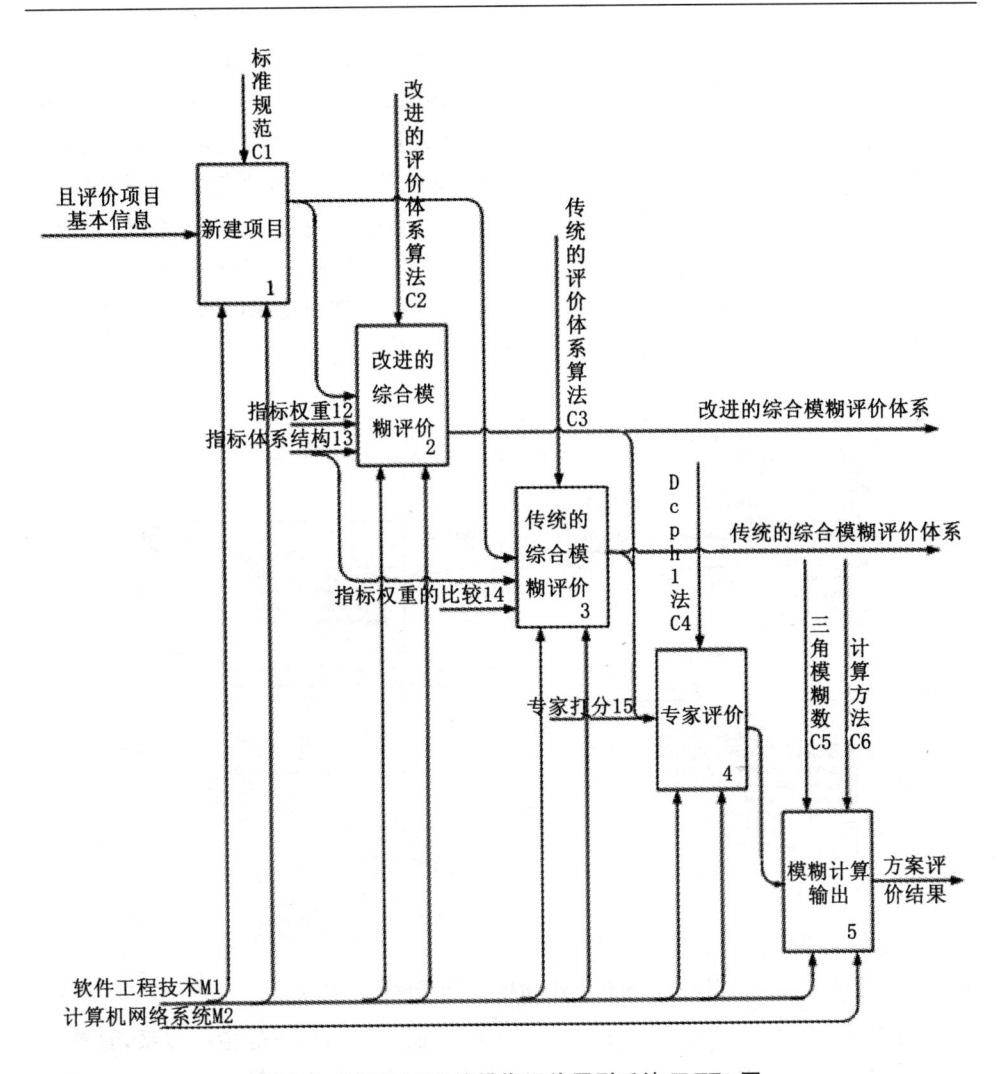

图 6-2　基于 AHP 的模糊评价原型系统 IDEF0 图

的结构分析发现,要建立统一的库结构是可能的。

为了存储动态变化的指标体系结构,指标体系表的设计采用将指标因素作为数据表的记录,表结构中增加指标因素的父 ID(Father ID)、指标层数(Layer)、是否底层(Bottom Layer)字段表示指标因素间的关系。这样虽然从数据表结构本身来说是固定的,却可以表示结构不同的指标体系。

UML 是一种用可视化方法对软件系统进行描述、实施和说明的标准建模语言,它综合了著名的 Booch 方法、OMT 方法和 OOSE 等方法,它通过统一的、标准的各种视图如用例图、类图、交互图、活动图等模型来描述复杂系统的全貌及其相关部件之间的联系,解决了领域专家、软件设计人员和客户之间交流困难的难题。在 UML 中,类图主要用于描述系统中各种类及其对象之间的静态结构。UML 的优势在于,它不仅可以完成 ERD 能够实现的所有数据库建模工作,还可以与 Oracle 等大型数据库直接进行集成,通过 UML 模型自动生成数据库的结构。因此本书采用 Rational Rose Enterprise Edition 软件,建立起基于 UML 的原型系统关系数据库的概念模型如图 6-3 所示。

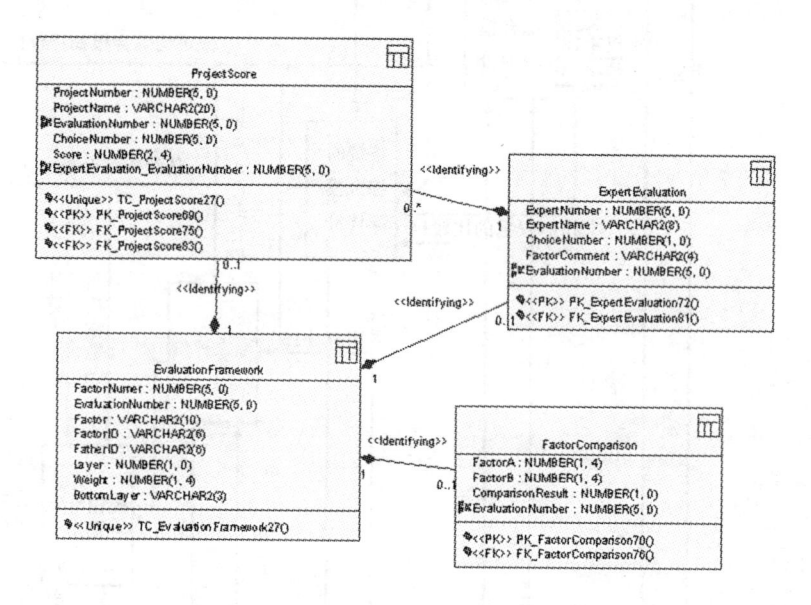

图 6-3 基于 UML 的关系数据库概念模型

在该模型中,Evaluation Framework 表用来描述动态生成的指标体系,是整个数据库结构的核心,其中 Factor Number 用来表示评价因素序号;Factor 表示评价因素名称;Factor ID 表示评价因素 ID;FatherID 表示父节点评价因素,用来描述评价因素之间的关系;Layer 表示评价因素所处层数;Weight 表示该评价因素所对应的权重,根据评价方法的不同可以直接输入,也可以由 Factor Comparison 表计算得出,Bottom Layer 表示该评价因素是否处于最底层,用来判断是否需要该评价因素做出评价,通常情况下专家只对处于最底层的评价因素进行评价。

Expert Evaluation 表用来表示专家对 Evaluation Framework 表生成的指标体系评价结果,其中 Expert Number 表示专家序号,Expert Name 表示专家名称,

第六章 基于 AHP 的综合模糊评价原型系统研究

Choice Number 表示方案序号，Expert Comment 表示某专家就某方案对某评价因素的评语。

Factor Comparison 表用于存放继承 Evaluation Framework 表的各评价因素间的比较矩阵，从而在选用传统综合模糊评价方法时，可以生成各评价因素的权重。

Project Score 表用于存放最后的评价结果，其中 Project Number 表示项目编号，Evaluation Nuber 表示评价体系编号，Project Name 表示评价项目名称，Strict Coefficient 表示严格系数，Choice Number 表示评价方案号，Score 表示该评价项目的最终得分。

6.2.3 各功能模块的设计

考虑到该原型系统具备对多个项目的多个待选方案进行综合评价的能力，因此在一段时间后系统会存储若干项目的评价信息。为了更好的对今后的决策选择提供指导意见并方便查询，进一步在 6.2.1 分析的系统功能模块中增加历史项目查询模块，提供对历史评价项目的详细查询功能的支持。通过以上分析，基于 AHP 的模糊评价原型系统共由 6 个功能模块构成，各模块的具体介绍如下：

(1)新建项目模块。该模块包括对评价项目的新建、删除以及退出系统功能。新建项目时需要输入的内容包括项目名称、指标体系层次、指标体系因素总数、评价方案总数、专家人数和严格系数(可以为空，仅在选用改进的综合模糊评价方法时需要输入该系数)等。

(2)改进的综合模糊评价模块。如图 6-4 和图 6-5 所示，改进的基于 AHP 的综合模糊评价方法由于指标体系与权重均由实证调研数据确定，因此在该模块中，可以在输入评价体系时，直接输入由验证性因子分析获得的各指标因素的权重即可。在建立指标体系时，需要输入以下内容：评价因素名称、父节点名称、指标所在层次、指标权重、因素 ID 以及该因素是否处于评价体系底层等信息。

(3)传统的综合模糊评价模块。如图 6-6 和图 6-7 所示，使用传统的综合模糊评价模块可以通过对指标间的两两比较打分构建因素间的判断矩阵，从而确定指标体系中各评价因素的权重系数。

传统的基于 AHP 的综合模糊评价方法采用主观判断的方法确定指标体系中各评价因素的权重，因此需要通过人为打分构建因素间的两两判断矩阵，并通过一致性指标(C.I.)、平均随机一致性指标(R.I.)和随机一致性比率(C.R.)对判断矩阵进行一致性检验，用于决定该两两判断矩阵是否具有良好的一致性，可以用于决定各评价因素的权重系数。如果上述指标达不到一致性检验的要求,则需要重新比较因素间的重要程度,构造新的判断矩阵。

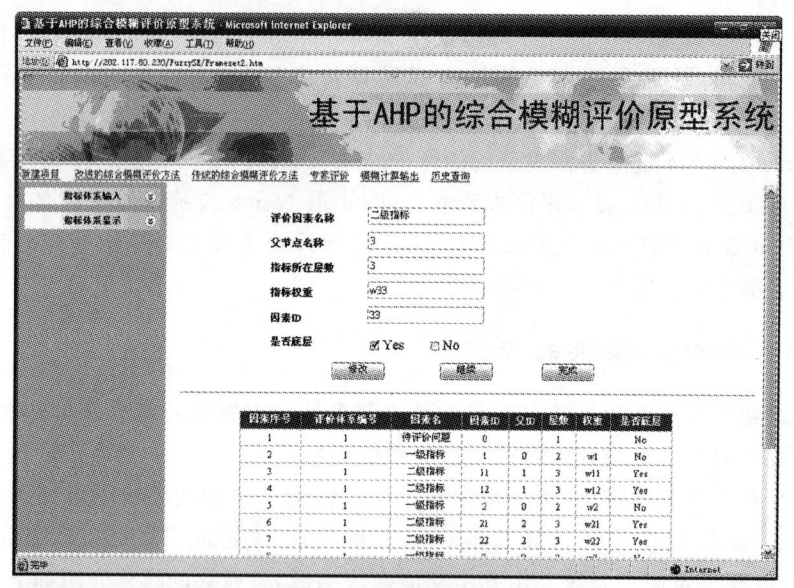

图 6-4 指标体系输入

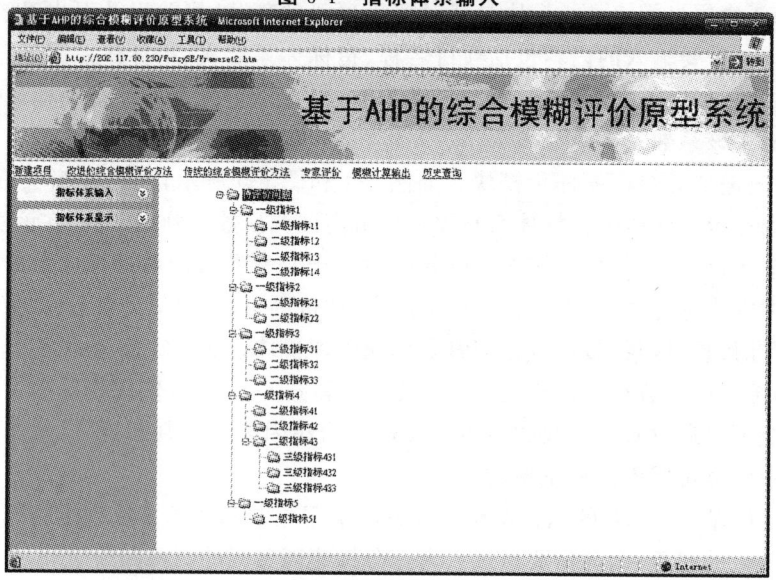

图 6-5 指标体系显示

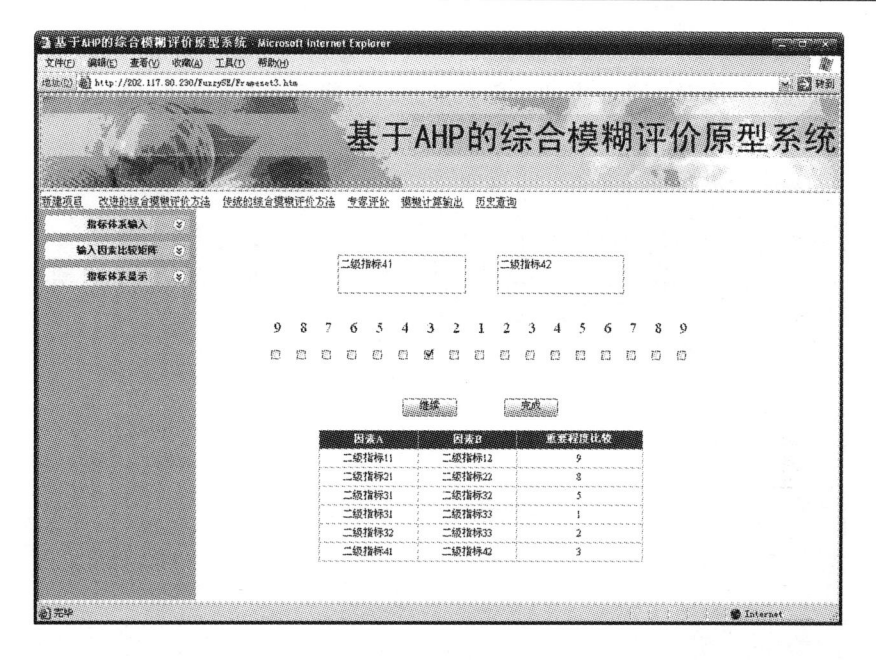

图 6-6　权重比较

图 6-7　确定权重

（4）专家评价模块。该模块根据新建项目时确定的专家个数和方案个数,支持多位专家通过网络对各个方案的指标因素进行模糊评价,并将评语存放到数据库中,如图6-8所示。

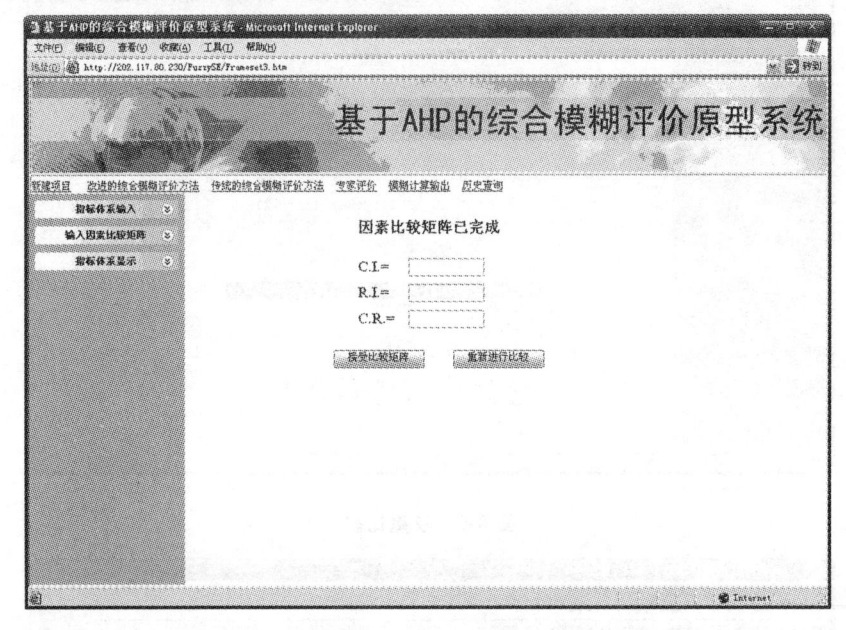

图 6-8 专家评价打分

（5）模糊计算输出模块。在本模块中,根据选用的评价方法不同分别采用两种不同的算法进行评价结果的计算。传统的模糊评价计算功能根据本书5.2.1中公式5-1至公式5-8提供的算法实现,而本书提出的改进的基于AHP的模糊评价计算则根据本书5.3中公式5-9至公式5-27提供的算法实现,从而可以获得各个方案按照某一指标体系的综合得分。该功能模块同时还提供了评价结果的输出功能,可以按照专家或方案作为关键字查询评价过程的详情。

（6）历史项目查询模块。该功能模块提供了对历史评价项目详情的查询和回顾。利用该模块可以查看任意一个评价项目使用的指标体系和综合得分,并可以按照专家或方案作为关键字查询项目评价的详细情况,打印结果,如图6-9所示。

第六章 基于AHP的综合模糊评价原型系统研究

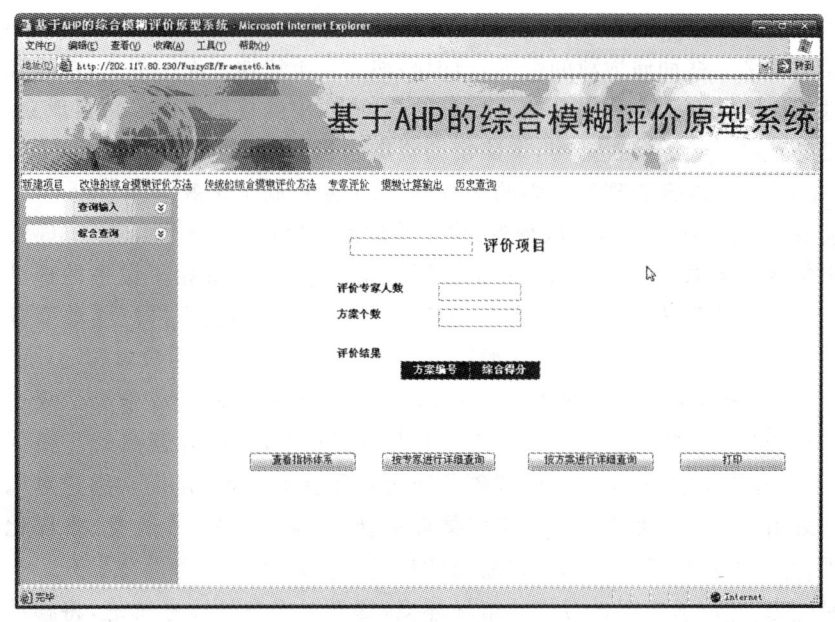

图6-9 综合查询

6.3 案例应用——以中国移动通信集团河南有限公司为例

6.3.1 企业概况与背景

中国移动通信集团河南有限公司(下文简称河南移动)成立于1999年8月16日,同年10月28日在香港、纽约成功上市,成为中国移动(香港)有限公司的全资子公司。公司注册资金43亿元,截至2012年底,公司资产规模超过429亿元,网络容量突破7000万户,客户超过5000万户,累计上缴国家税金215亿元。河南移动网上营业厅主要经营移动话音、数据、IP电话、多媒体和互联网等业务,拥有"全球通"、"神州行"、"动感地带"、"和"等知名品牌[①]。作为"中国移动通信"网络的有机组成部分,河南移动经过多年的建设和发展,建立了一个覆盖全、质量可靠、功能完善、业务丰富、管理先进、世界一流的综合通信网络。截至目前,已经与世界上

---

① [EB/OL]2011-2015年中国移动运营市场分析预测及投资方向研究报告(BZ).http://report.catr.cn/201006/t20100619_582962.htm,2010.9.

237个国家和地区的近404家移动通信运营商开通了国际漫游。随着中部崛起战略的提出带来对移动通信新的需求,河南移动出现了快速发展的势头,增长速度明显超过其他地区。为不断提升企业自身的竞争力,中国移动河南公司自成立以来,依据自身环境和资源配置结构,聚焦创新资源,发挥协同效应,有选择地实施网络技术、业务应用、综合管理等方面的重点创新,不断提高工作效率。

随着4G牌照的发放,可以预见,由于移动商务应用的多样性,未来4G产业市场的竞争将会更加激烈。河南省移动公司未雨绸缪,已经开始了设备的选型和试验网的架设以及测试工作,从技术上做好了在4G市场环境下推广移动商务应用的准备。从市场需求来看,随着新增用户低端化趋势的增强,用户对移动业务的需求在未来2~3年内会保持现有的增长速度,但有效用户ARPU值会呈现边际递减的趋势。为了保持利润水平,在市场竞争的驱动下,电信运营商的开拓创新能力、网络资源优化能力、技术和管理创新能力均需提升,特别是推动用户对电信业务的需求由语音通信业务向数据多媒体业务转型,向多层次、个性化、多样化的方向发展,并具备提供不断满足顾客需求的移动商务应用的能力亟待提升。只有拥有这种能力,才能适应瞬息万变的市场环境,提升对客户的服务价值,将移动通信事业融入到社会信息化的大潮中,推动河南移动的市场战略转型,在残酷的市场竞争中立于不败之地。

6.3.2 系统应用实例

基于以上认识,河南移动决策层认为,在4G市场的导入初期,周密的建网计划,良好的服务提供等诸多因素都将决定竞争者的成败,而深刻理解中国消费者的需求状况,并制定正确的市场推广战略并为他们提供最需要的产品和服务,是在这场竞争中获得优势的最为关键的方法。通过横向课题的合作关系,我们将本书提出的一整套面向顾客需求的移动商务竞争力理论应用到中国移动通信集团河南有限公司的经营战略制定上。

在制定企业的发展战略和推广方案时,河南移动的市场策划人员采用了本书的研究成果:在现阶段市场,主要考虑移动金融、多媒体交互、小额支付、移动办公、手机阅读、商务信息、移动博彩、4G特色业务8大类业务共20种移动商务应用,特别是对于小额支付、商务信息和移动博彩等类应用需要重点推出,而对手机阅读、4G特色应用、移动办公等应用模式则不宜作为主要的推广方向。同时,在业务推广初期,大力推广基于位置信息的服务(Location Based Service)应用模式、可视电话应用模式和云计算服务模式,可以极大的满足顾客的猎奇心理,起到良好的市场导入效果。根据上述指导方针,市场策划人员共制定了四套在 4G 市场环境下发展移动商务的战略方案。在对上述方案进行决策的过程中,我们聘请了 10 位具有丰富专业知识和移动运营从业经验的行业专家和高层管理人员,使用本章开发的综合模糊评价原型系统对市场策划人员做出的的市场推广方案进行模糊评价,并采用该原型系统进行计算,过程如下:在新建项目模块中,建立一个新的评价项目——移动商务竞争力战略评价,并输入评价项目的基本信息。在该项评价中,指标体系具有 3 个层次共 29 个评价因素,待评方案 4 个,由于评审专家要求比较严格,所以取严格系数 $\mu = 0.6$,如图 6-10 所示。

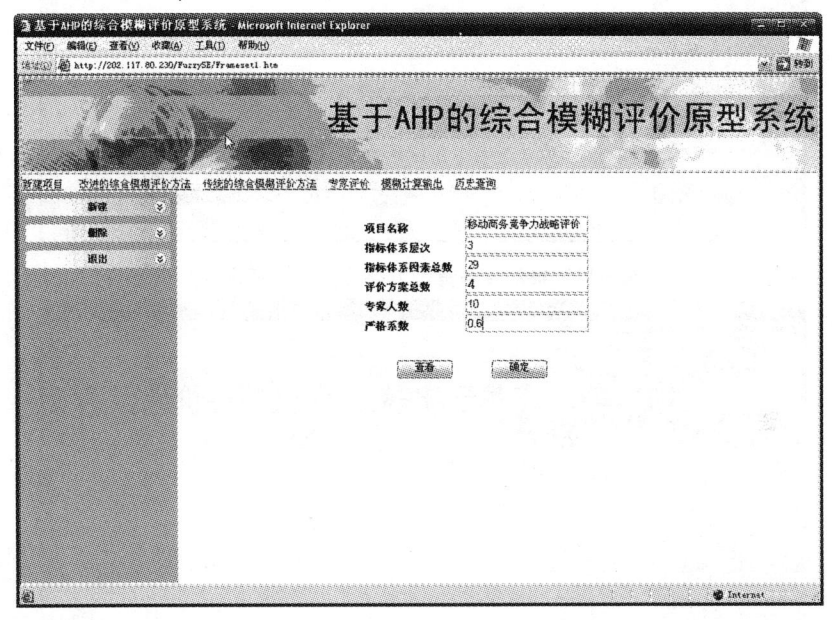

图 6-10 建立移动商务竞争力评价项目

应用本书第五章提出的改进的综合模糊评价方法,在实证调研数据的基础上,采用探索性因子分析和验证性因子分析客观生成的评价体系和指标权重进行指标体系的输入,输入过程如图 6-11 所示,生成的指标体系如图 6-12 所示。

生成上述评价体系后,各评审专家可直接通过浏览器输入本人信息,并依照移动商务的类别对各备选方案的评价因素进行模糊评价,如图 6-13 所示。10 位专家对市场策划人员提供的四种策划方案依据输入的指标体系分别对各评价因素进行判断评价结束后,利用模糊计算输出模块,得到各待评方案的综合得分,计算得出的最终评价结果如图 6-14 所示。

图 6-11　移动商务竞争力评价指标体系输入

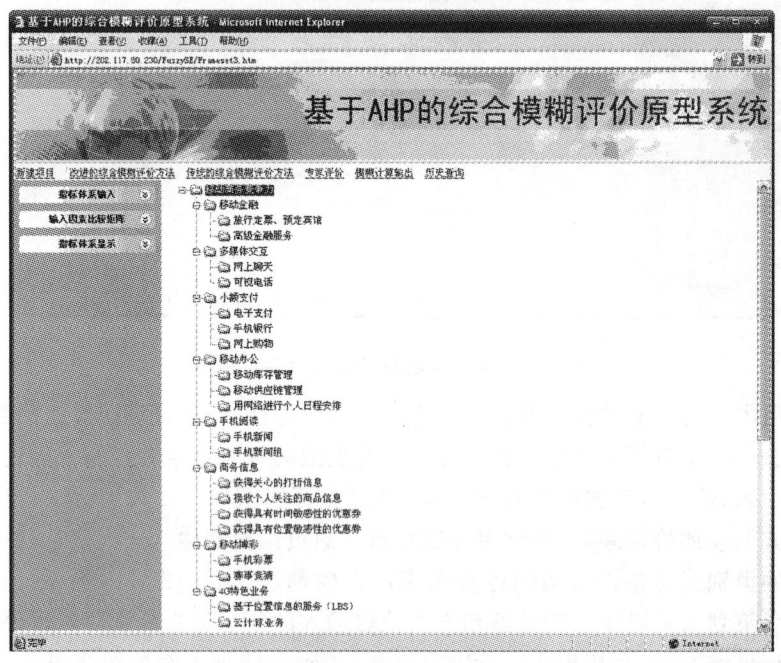

图 6-12　移动商务竞争力评价指标体系显示

第六章　基于AHP的综合模糊评价原型系统研究

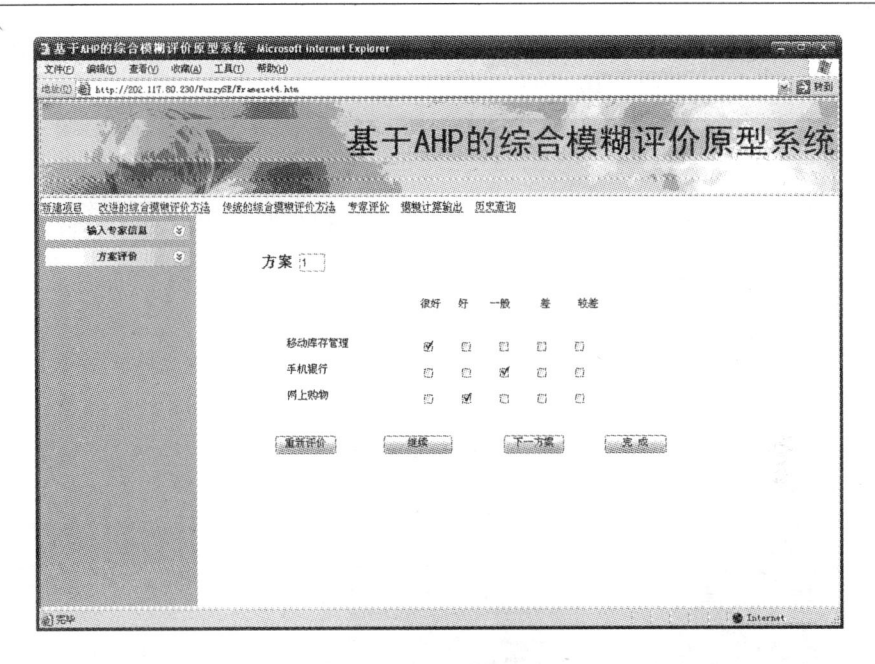

图 6-13　专家模糊评价

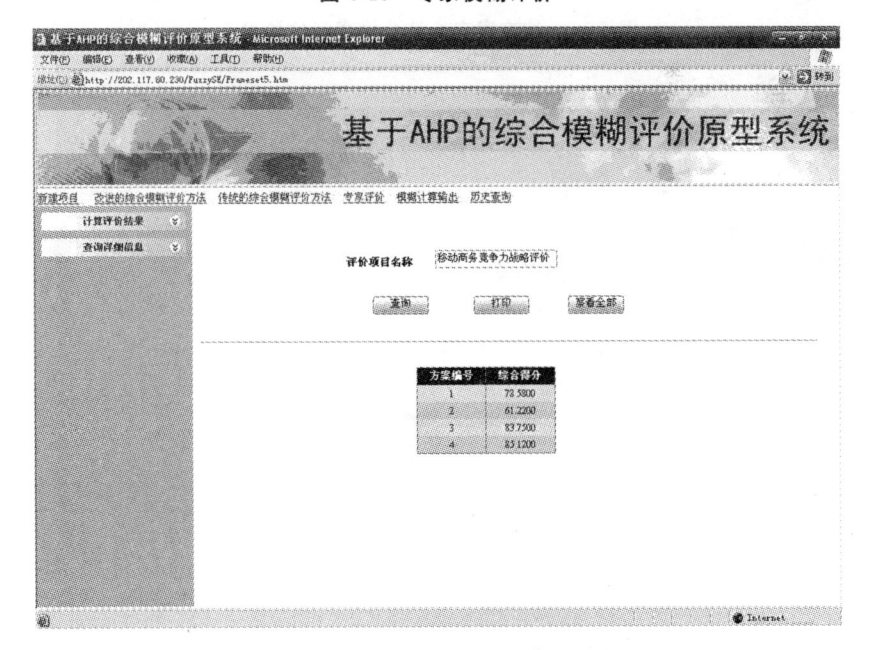

图 6-14　综合模糊计算评价结果

如需要对评价过程的详细情况进行查询，还可以按专家和方案两种方式进行，查询结果如图 6-15 和图 6-16 所示。

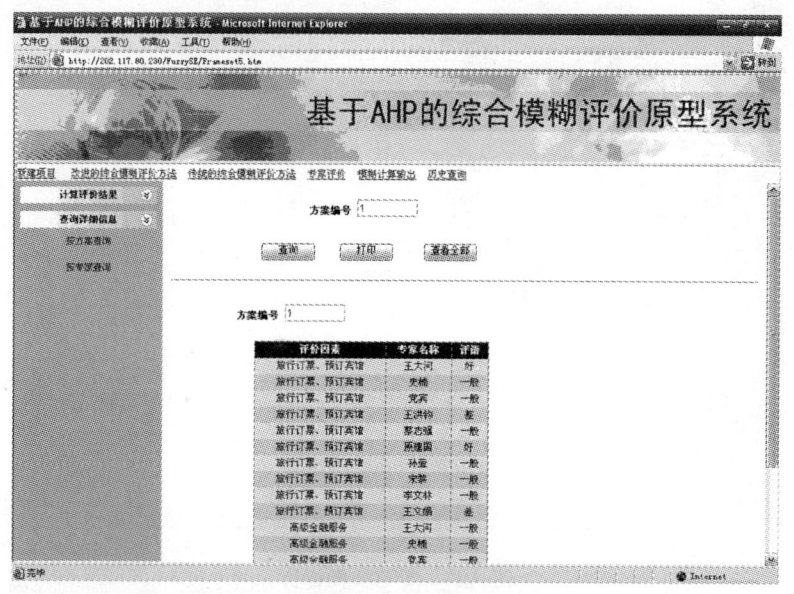

图 6-15　按方案查询综合模糊评价结果

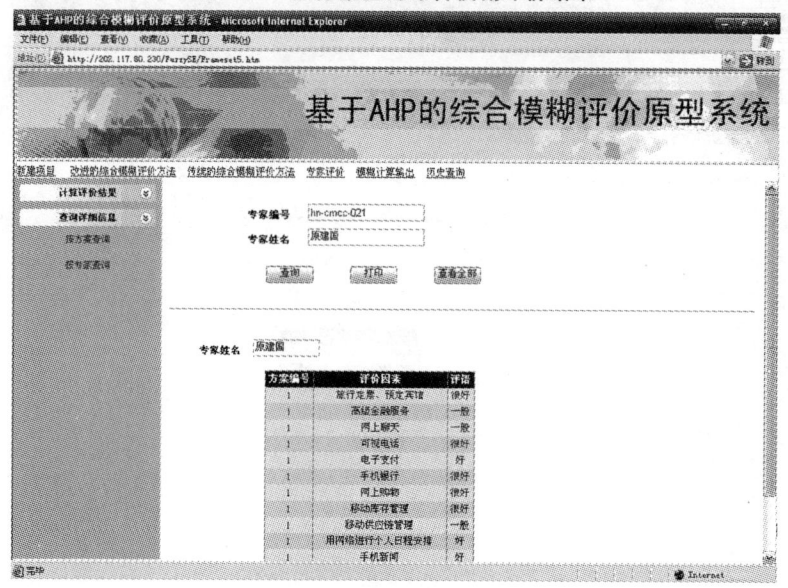

图 6-16　按专家查询综合模糊评价结果

通过原型系统评价计算,结果证明市场策划人员根据本书研究成果制定的第四种方案综合得分最高,在4G市场推广阶段更容易得到消费者的认可,能够在导入市场初期就迅速扩大市场份额,因此选择方案4作为中国移动通信集团河南有限公司的4G市场移动商务战略推广方案,可以达到在激烈的市场竞争中脱颖而出,提升企业的综合竞争能力的目的。

基于AHP的综合模糊评价原型系统在中国移动通信集团河南有限公司的试运行过程中,系统运行稳定,能够满足指导企业制定面向顾客需求的移动商务市场战略,快速进行推广方案的选择的需要,为河南移动移动商务市场战略的制定和选择,发挥了重要的作用,也证明了本书提出的一整套的提高从业企业移动商务竞争力的理论和方法的正确性和实用性。

6.4 小结

本章开发了一个B/S结构的基于AHP的综合模糊评价原型系统,采用IDEF0方法对原型系统进行功能建模,采用UML建立关系数据库的概念模型,并对原型系统的新建项目、改进的综合模糊评价、传统的综合模糊评价、专家评价和模糊计算输出和历史查询等主要功能模块进行了详细的介绍。该系统支持专家通过网络对某一评价项目做出快速的评价选择,具有一定的通用性,可以动态输入评价体系并选择评价方法,使用该系统,不但可以对本书所研究的面向顾客需求的移动商务战略方案进行快速评价和选择,还可以用于一般的问题的综合模糊评价。

本章最后以中国移动通信集团河南有限公司为应用实例,对移动商务战略方案进行评价选择。运行结果显示,采用该系统可以迅速、准确的在动态多变的市场环境中进行战略决策,从而在实践中验证了本书提出的一整套的理论方法,对于提高移动商务竞争力具有较高的理论价值和应用价值。

第七章 总结与展望

第四代移动通信技术正在使电子商务活动的开展由有线网络转移到无线网络,基于无线和移动应用的网络设备正在不断增加。几乎所有的有线互联企业都在进入移动商务,只有进入这个领域,才能将无线终端用户以及有线终端的网民两个社会群体转变为消费的群体,从而为企业的生产带来实质的利益。因此移动商务领域,正在成为全球各国理论界和业界新的研究热点和投资热点。

随着民族标准TD-LTE的成熟、TD牌照的发放,以及中国4G产业链的基本建成,目前,三大运营商均全力投入更为激烈的4G市场竞争,力争在初期就确立企业的竞争优势。在这种背景下,深入研究移动商务市场的规律,深刻理解消费者对移动商务应用模式的需求偏好,无疑具有重要的理论意义和实践价值。

7.1 研究工作总结

移动商务本身是一个非常新兴的研究领域,国内的相关研究还很少,在查阅大量文献的基础上,本书选择如何在4G市场环境下提高运营企业的移动商务竞争力问题展开研究,通过实证调研和分析,针对目前对我国移动商务领域消费者行为和市场需求方面研究不足的状况,在前人研究的基础上,面向顾客需求对4G市场环境下的移动商务竞争力问题开展了深入系统的分析和研究,研究的重点工作和主要贡献在于以下几个方面:

(1)通过与传统电子商务市场的对比,根据移动商务市场的独特特点,提出了一个移动商务市场模型,对移动商务市场的本质规律进行了探索,并对移动商务产业链的构成和合作模式进行了深入研究。在查阅大量外文文献的基础上,对现有文献进行了梳理,概括提出了移动商务的五大研究领域,为后续的研究者们提供了一个研究基础,并在此基础上提出了移动商务竞争力的研究框架。

(2)针对传统的移动商务分类模型多从厂商角度按照技术或业务进行分类,使用探索性因子分析方法,通过实际调研数据,对我国4G市场环境下消费者对移动商务的需求状况进行实证研究,采用主成分分析方法通过多次迭代提取公共因子,归纳得出面向顾客需求的移动商务应用分类模型,运用该模型有利于进一步进行移动商务竞争力策略的研究。

(3)以结构方程模型原理为支撑,构造了以移动商务应用分类为内源潜在变量。以各种应用模式为观测变量的移动商务一阶验证模型,并采用递归迭代方法对模型进行了详尽的拟合分析和统计检验,进一步通过一个具有良好拟合优度的二阶移动商务竞争力模型,结合通径系数与因子负荷系数的具体情况,深刻分析了各种移动商务类别和模式对移动商务竞争力影响的强度和程度,归纳总结了中国4G市场顾客需求的一般规律。

(4)对现有多层次综合模糊评价方法主观性太强的缺陷作出了重要改进,提出了一种改进的基于AHP的综合模糊评价方法。与原有方法相比,该改进方法引入了一种新的客观确定评价指标体系和因素权重的方法,重点研究了三角模糊数(TFN)在模糊综合评价法中的应用,从而提高了人为判断的可靠性以及评价结果的合理性,使综合评价结果更接近客观情况,有利于移动商务从业者进行正确的战略方案选择。

(5)在 Microsoft Visual Studio.Net 2005 环境下开发了一套基于B/S结构的多层次模糊综合评价原型系统,用于迅速进行移动商务的战略决策。该系统的开发打破了目前尚没有通用的多层次综合模糊评价软件的局面,改变了手工评价计算的现状,支持在动态多变的市场竞争环境中快速做出方案选择。

通过上述研究,基本解决了在我国4G市场环境下,移动商务市场的产业链应该如何构成,各主体之间的关系如何,谁应在其中占主导地位;什么样的移动商务应用模式是消费者真正需要的;这些消费者需要的移动商务应用模式在增强移动商务竞争力,提高运营商盈利能力中的重要程度如何;运营商在4G市场环境下,应如何制定发展战略将这些满足顾客需求的应用模式提供给消费者等问题。通过对上述问题的研究,本书在4G市场环境下较为系统的提出了一套针对中国消费者需求特点的提升运营企业移动商务竞争力的理论和方法,对推进我国4G事业的发展作出了有益的尝试。

7.2 未来的研究方向

由于对移动商务基础理论的研究,特别是移动商务的应用模式、消费者行为、商业模型和推广战略选择的理论和方法涉及内容和领域较多,使得相关待研究的问题更加丰富。

(1)对移动商务市场进行建模分析是一个复杂的经济学问题,本书通过与传统的电子商务市场的对比归纳总结出了移动商务市场的一些基本规律,进一步的研究可以利用经济建模工具对移动商务市场的信息获取、质量评价等一系列问题展开更为深入的研究。

(2)在采用探索性因子分析方法对 4G 市场环境下消费者对移动商务应用的需求状况进行实证研究,并归纳出面向顾客需求的移动商务应用分类模型时,由于研究经费所限,在调研过程中委托中国移动通信集团河南有限公司郑州分公司客户服务中心进行随机抽样调研时,虽然在抽样样本选择上参照了已有的 4G 潜在用户的人口统计学分布的研究成果,样本容量也达到了精度要求,可以在现有市场阶段反映出消费者对移动商务各种应用模式需求的偏好强度和程度,但还存在代表性有待增强的问题。进一步的研究可以扩大调研范围,对全国各城市和各年龄阶段进行分类,按照一定的抽样比例采用分类抽样的方法,对各个样本组分别选取较大的样本数量进行问卷调研,增大抽样范围和样本容量,使研究的结果更为真实可信。

(3)本书开发的基于 AHP 的多层次综合模糊评价原型系统虽然可对本书研究的移动商务竞争力问题提供综合模糊评价的支持,从而快速的进行战略选择,但与商用软件相比在通用性和实用性方面还有很大的差距。进一步的研究应努力对该原型系统进行完善,提高综合模糊评价决策支持系统的实用性和通用性。

(4)为了检验本研究提出的理论和方法的效果,本书最后将研究成果应用到了某移动运营企业的实践中,获得了企业较好的评价。但由于我国 4G 牌照刚刚发放,因此对上述理论和方法产生的实际效益进行客观的衡量还比较困难。在我国 4G 商用成熟后,进一步的研究可分别选取若干规模市场相当的运营企业,对其中一家或两家应用本书提出的理论和方法,对其他企业采用传统方法形成对照组,通过采集实际的投入产出数据,采用数据包络分析方法(DEA)对本书提出的理论和方法进行进一步的衡量和检验。

随着移动商务领域的研究逐渐升温,国内外已经有很多的专家和学者从事关于移动商务的基础性理论研究。本书针对中国消费者的需求特点对移动商务的应用模式、消费者行为、商业模型和推广战略选择的理论和方法进行了扎实的实证分析和理论研究,提出了一系列的理论和方法,期望能对推进我国移动商务的应用进程和 4G 事业的发展起到一定的借鉴作用,不足之处在所难免,渴望能够得到各位专家和学者的不吝赐教。

附录1　面向顾客需求的移动商务应用调查

　　_____先生/女士：您好！

　　在2013年底，中国政府向中国移动、中国联通和中国电信发放4G牌照，各大运营商即将推出各种4G服务，为了解移动通信行业的发展规律，更好的利用技术手段方便您的生活，我们出于学术科研目的，进行本次调查。本次调查由没有任何商业目的，由大学科研机构组织实施，您的选择信息仅仅用于学术科研目的，将严格保密。

　　以下我们罗列了若干种新颖的移动应用方式，请在每项应用后进行打分。请按您感兴趣的程度对下面的应用服务打分，打分采用5分制，1分表示完全不需要这种应用，2分表示不太需要，3分表示可有可无，4分表示需要，5分表示十分需要这项应用。请在不考虑每项服务费用的情况下认真进行打分。

　　十分感谢您的参与！您的认真选择将对我们的科研工作带来非常有价值的信息。

个人信息：
您的性别：□男　　□女　　您的年龄：□16～35岁　□36～55岁　□56岁以上
您的学历：□本科以下　□大学本科　□研究生及以上

□□□□□1. 用手机进行旅行订票和预定宾馆
□□□□□2. 用手机从自动售货机购买饮料并支付费用
□□□□□3. 在线翻译
□□□□□4. 用手机进行高级金融服务（如：贷款协商，信用卡申请）
□□□□□5. 用手机远程遥控家用电器（如：在回家前开关空调、电视机等）
□□□□□6. 网上聊天
□□□□□7. 使用手机号码作为个人身份证明（如：机场登机代替护照、个人身份证明等）
□□□□□8. 在保险索赔时拍照、填写并发送保险索赔报告（如：索要车损险）
□□□□□9. 查找特定型号、颜色、特点的汽车
□□□□□10. 对普通网站处理以适合于在手机屏幕上显示

☐☐☐☐☐11. 在商店用手机进行电子支付
☐☐☐☐☐12. 可视电话
☐☐☐☐☐13. 移动库存管理(如:用手机远程查询商品的销售量和库存量)
☐☐☐☐☐14. 移动供应链管理(如:用手机随时查询货物位置信息或随时查询邮件到达位置等)
☐☐☐☐☐15. 通过网络管理个人约会和会议
☐☐☐☐☐16. 进行日常银行操作(如:查询余额,转帐,缴费等)
☐☐☐☐☐17. 用手机支付停车费
☐☐☐☐☐18. 用手机玩交互式网络游戏
☐☐☐☐☐19. 用手机发布和浏览在线广告
☐☐☐☐☐20. 用手机阅读新闻(通过预定或浏览)
☐☐☐☐☐21. 用手机阅读下载书籍
☐☐☐☐☐22. 用手机阅读和发送信息到新闻组
☐☐☐☐☐23. 从手机获得关心的产品或服务的打折信息
☐☐☐☐☐24. 用手机接收符合个人喜好的广告信息
☐☐☐☐☐25. 用手机接收个人关注的商品信息
☐☐☐☐☐26. 用手机获得时间敏感性的折扣券(如:凭此信息可于××日前获得打折)
☐☐☐☐☐27. 用手机获得位置敏感性的折扣券(如:走到商场附近500米的用户会收到折扣券信息)
☐☐☐☐☐28. 用手机接受时间敏感性的信息(如:当天的天气、财经、交通信息等)
☐☐☐☐☐29. 用手机提供基于位置的信息(如:道路导航,附近的服务设施指南等)
☐☐☐☐☐30. 用手机进行餐馆订台
☐☐☐☐☐31. 用手机使用网络搜索引擎(baidu.com,google.com等)
☐☐☐☐☐32. 用手机收发 E-mail
☐☐☐☐☐33. 用手机与朋友或家人分享文件或信息(如:互相分享图片、视频、文本文件等)
☐☐☐☐☐34. 用手机进行网上购物(书籍、鲜花、家用百货等)
☐☐☐☐☐35. 用手机进行网上冲浪浏览
☐☐☐☐☐36. 用手机参加网上拍卖

□□□□□□37.用手机查找需要的产品和服务的位置信息(如:找到提供特定商品或服务的商店的位置,找到某人在哪里)

□□□□□□38.用手机进行股票信息查询和交割

□□□□□□39.用手机从预先设置的银行帐号中转帐

□□□□□□40.用手机发送基于位置的紧急信息(如:用手机报警时可以定位受害者的准确位置)

□□□□□□41.用手机使用目录服务(如:黄页、名录等)

□□□□□□42.用手机查看或发送图片

□□□□□□43.用手机从 Internet 上下载并观看影像

□□□□□□44.用手机在交通堵塞,机场车站或会议时利用手机进行工作

□□□□□□45.用手机远程医疗

□□□□□□46.用手机远程教育

□□□□□□47.用手机购买彩票

□□□□□□48.用手机赛事竞猜

□□□□□□49.用手机在网上下载音乐并进行收听

附录 2 总方差解释表

因素 t	初始特征根			提取平方载荷总和			旋转平方载荷综合		
	特征根	方差贡献率%	累计贡献率%	特征根	方差贡献率%	累计贡献率%	特征根	方差贡献率%	累计贡献率%
1	13.815	28.193	28.193	13.815	28.193	28.193	4.423	9.027	9.027
2	3.856	7.870	36.063	3.856	7.870	36.063	3.917	7.993	17.020
3	2.856	5.829	41.892	2.856	5.829	41.892	3.647	7.443	24.463
4	2.509	5.120	47.011	2.509	5.120	47.011	3.611	7.369	31.832
5	2.337	4.770	51.781	2.337	4.770	51.781	3.325	6.786	38.619
6	2.044	4.171	55.952	2.044	4.171	55.952	2.856	5.828	44.446
7	1.819	3.713	59.665	1.819	3.713	59.665	2.766	5.645	50.091
8	1.684	3.436	63.102	1.684	3.436	63.102	2.349	4.794	54.886
9	1.433	2.925	66.026	1.433	2.925	66.026	2.345	4.785	59.671
10	1.274	2.600	68.626	1.274	2.600	68.626	2.090	4.264	63.935
11	1.197	2.442	71.068	1.197	2.442	71.068	2.061	4.206	68.141
12	1.159	2.365	73.434	1.159	2.365	73.434	2.038	4.159	72.300
13	1.095	2.236	75.669	1.095	2.236	75.669	1.651	3.369	75.669
14	.943	1.924	77.593						
15	.885	1.806	79.399						
16	.866	1.768	81.167						
17	.794	1.620	82.787						
18	.728	1.486	84.273						
19	.675	1.378	85.651						
20	.629	1.283	86.934						
21	.590	1.205	88.139						

续表

因素 t	初始特征根 特征根	初始特征根 方差贡献率%	初始特征根 累计贡献率%	提取平方载荷总和 特征根	提取平方载荷总和 方差贡献率%	提取平方载荷总和 累计贡献率%	旋转平方载荷综合 特征根	旋转平方载荷综合 方差贡献率%	旋转平方载荷综合 累计贡献率%
22	.495	1.011	89.149						
23	.481	.982	90.131						
24	.455	.929	91.060						
25	.417	.851	91.911						
26	.382	.780	92.691						
27	.366	.747	93.438						
28	.340	.694	94.132						
29	.306	.625	94.757						
30	.271	.553	95.310						
31	.261	.532	95.842						
32	.226	.462	96.304						
33	.193	.393	96.697						
34	.191	.389	97.086						
35	.186	.381	97.466						
36	.174	.355	97.822						
37	.158	.323	98.145						
38	.154	.313	98.458						
39	.134	.273	98.732						
40	.111	.227	98.959						
41	.103	.211	99.170						
42	.089	.182	99.352						
43	.071	.144	99.496						
44	.067	.137	99.633						

续表

因素 t	初始特征根			提取平方载荷总和			旋转平方载荷综合		
	特征根	方差贡献率%	累计贡献率%	特征根	方差贡献率%	累计贡献率%	特征根	方差贡献率%	累计贡献率%
45	.051	.104	99.737						
46	.042	.086	99.823						
47	.036	.073	99.897						
48	.028	.058	99.954						
49	.022	.046	100.000						

Extraction Method：Principal Component Analysis.

附录3　结构方程模型 LISREL 程序

1. 一阶验证模型程序

DA NI=20 NO=86 MA=KM
KM SY
1.000
0.444　1.000
0.071　0.200　1.000
0.029　0.152　0.004　1.000
−0.007 0.000　0.266　0.333　1.000
0.109　0.308　0.054　0.095　−0.069 1.000
0.221　0.483　0.246　0.247　0.041　0.671　1.000
0.043　0.206　0.150　0.312　0.231　0.441　0.481　1.000
0.001　0.248　0.043　0.505　0.290　0.243　0.317　0.497　1.000
0.170　0.395　0.324　0.165　0.266　0.095　0.339　0.340　0.235 1.000
0.130　0.342　0.256　0.077　0.270　0.231　0.353　0.403　0.155 0.655　1.000
0.061　0.197　0.326　0.414　0.331　0.272　0.383　0.455　0.337 0.292　0.324 1.000
0.213　0.222　0.267　0.304　0.237　0.420　0.586　0.429　0.220 0.292　0.313 0.734 1.000　0.176　0.180　0.137　0.226　0.209　0.243 0.296　0.199　0.114　0.190　0.135　0.589　0.646　1.000　0.115　0.137 0.140　0.118　0.207　0.155　0.250　0.185　0.167　0.187　0.164　0.581 0.600　0.817　1.000
−0.006 0.153　0.042　0.102　0.077　0.257　0.288　0.178　0.172 0.394　0.297　0.227　0.257　0.284　0.202　1.000
0.104　0.169　0.089　0.619　0.261　0.007　0.155　0.253　0.568 0.358　0.293　0.364　0.267　0.150　0.168　0.256　1.000
0.163　0.240　0.212　0.248　0.127　0.191　0.308　0.136　0.097

0.282 0.179 0.143 0.315 0.123 0.075 0.222 0.264 1.000
       0.150 0.230 0.195 0.251 0.152 0.136 0.288 0.180 0.069
0.347 0.287 0.230 0.374 0.174 0.158 0.240 0.212 0.766 1.000
       0.103 0.136 0.216 0.082 0.190 0.155 0.157 0.203 0.067
0.285 0.286 0.098 0.083 0.012 0.033 0.317 0.141 0.264 0.201
1.000

MO NX=20 NK=8 LX=FU,FI PH=ST TD=DI,FR
PA LX
1(0 0 0 0 0 0 1 0)
1(0 0 0 0 0 0 1 0)
1(0 0 0 0 1 0 0 0)
1(1 0 0 0 0 0 0 0)
1(0 0 0 0 1 0 0 0)
1(0 0 0 1 0 0 0 0)
1(0 0 0 1 0 0 0 0)
1(0 0 0 1 0 0 0 0)
1(1 0 0 0 0 0 0 0)
1(0 0 0 0 0 1 0 0)
1(0 0 0 0 0 1 0 0)
1(0 1 0 0 0 0 0 0)
1(0 1 0 0 0 0 0 0)
1(0 1 0 0 0 0 0 0)
1(0 1 0 0 0 0 0 0)
1(0 0 0 0 0 0 0 1)
1(1 0 0 0 0 0 0 0)
1(0 0 1 0 0 0 0 0)
1(0 0 1 0 0 0 0 0)
1(0 0 0 0 0 0 0 1)
OU MI SS SC

2. 二阶验证模型程序

DA NI=20 NO=86 MA=KM
KM SY
1.000
0.444 1.000
0.071 0.200 1.000
0.029 0.152 0.004 1.000
−0.007 0.000 0.266 0.333 1.000
0.109 0.308 0.054 0.095 −0.069 1.000
0.221 0.483 0.246 0.247 0.041 0.671 1.000
0.043 0.206 0.150 0.312 0.231 0.441 0.481 1.000
0.001 0.248 0.043 0.505 0.290 0.243 0.317 0.497 1.000
0.170 0.395 0.324 0.165 0.266 0.095 0.339 0.340 0.235 1.000
0.130 0.342 0.256 0.077 0.270 0.231 0.353 0.403 0.155 0.655 1.000
0.061 0.197 0.326 0.414 0.331 0.272 0.383 0.455 0.337 0.292 0.324 1.000
0.213 0.222 0.267 0.304 0.237 0.420 0.586 0.429 0.220 0.292 0.313 0.734 1.000 0.176 0.180 0.137 0.226 0.209 0.243 0.296 0.199 0.114 0.190 0.135 0.589 0.646 1.000 0.115 0.137 0.140 0.118 0.207 0.155 0.250 0.185 0.167 0.187 0.164 0.581 0.600 0.817 1.000
−0.006 0.153 0.042 0.102 0.077 0.257 0.288 0.178 0.172 0.394 0.297 0.227 0.257 0.284 0.202 1.000
0.104 0.169 0.089 0.619 0.261 0.007 0.155 0.253 0.568 0.358 0.293 0.364 0.267 0.150 0.168 0.256 1.000
0.163 0.240 0.212 0.248 0.127 0.191 0.308 0.136 0.097 0.282 0.179 0.143 0.315 0.123 0.075 0.222 0.264 1.000
0.150 0.230 0.195 0.251 0.152 0.136 0.288 0.180 0.069 0.347 0.287 0.230 0.374 0.174 0.158 0.240 0.212 0.766 1.000
0.103 0.136 0.216 0.082 0.190 0.155 0.157 0.203 0.067

0.285 0.286 0.098 0.083 0.012 0.033 0.317 0.141 0.264 0.201 1.000

SE; 1 2 3 4 5 6 7 8 9 10 11 12 13 14 15 16 17 18 19 20/

MO NK=1 NY=20 NE=8 PS=DI,FR TE=DI,FR GA=FU,FR
PA LY
1(0 0 0 0 0 0 1 0)
1(0 0 0 0 0 0 1 0)
1(0 0 0 0 1 0 0 0)
1(1 0 0 0 0 0 0 0)
1(0 0 0 0 1 0 0 0)
1(0 0 0 1 0 0 0 0)
1(0 0 0 1 0 0 0 0)
1(0 0 0 1 0 0 0 0)
1(1 0 0 0 0 0 0 0)
1(0 0 0 0 0 1 0 0)
1(0 0 0 0 0 1 0 0)
1(0 1 0 0 0 0 0 0)
1(0 1 0 0 0 0 0 0)
1(0 1 0 0 0 0 0 0)
1(0 1 0 0 0 0 0 0)
1(0 0 0 0 0 0 0 1)
1(1 0 0 0 0 0 0 0)
1(0 0 1 0 0 0 0 0)
1(0 0 1 0 0 0 0 0)
1(0 0 0 0 0 0 0 1)
FI LY 1 1 LY 3 2 LY 5 3 LY 8 4 LY 11 5 LY 13 6 LY 17 7 LY 19 8
VA 1 LY 1 1 LY 3 2 LY 5 3 LY 8 4 LY 11 5 LY 13 6 LY 17 7 LY 19 8
OU AD=OFF MI SS SC

附录4 一阶验证模型参数估计矩阵

	KSI 1	KSI 2	KSI 3	KSI 4	KSI 5	KSI 6	KSI 7	KSI 8
VAR 1							0.44	
							(0.13)	
							3.46	
VAR 2							0.98	
							(0.19)	
							5.16	
VAR 3					0.42			
					(0.13)			
					3.16			
VAR 4	0.75							
	(0.10)							
	7.18							
VAR 5					0.64			
					(0.16)			
					4.03			
VAR 6					0.72			
					(0.10)			
					7.17			
VAR 7					0.92			
					(0.09)			
					9.76			
VAR 8					0.54			
					(0.11)			

续表

	KSI 1	KSI 2	KSI 3	KSI 4	KSI 5	KSI 6	KSI 7	KSI 8
				5.10				
VAR 9	0.69							
	(0.11)							
	6.51							
VAR 10						0.87		
						(0.10)		
						8.59		
VAR 11						0.75		
						(0.10)		
						7.30		
VAR 12		0.81						
		(0.09)						
		8.70						
VAR 13		0.86						
		(0.09)						
		9.60						
VAR 14		0.79						
		(0.09)						
		8.46						
VAR 15		0.76						
		(0.10)						
		8.01						
VAR 16								0.68
								(0.15)
								4.55

附录4　一阶验证模型参数估计矩阵

续表

	KSI 1	KSI 2	KSI 3	KSI 4	KSI 5	KSI 6	KSI 7	KSI 8
VAR 17	0.83							
	(0.10)							
	8.11							
VAR 18			0.85					
			(0.11)					
			7.62					
VAR 19			0.91					
			(0.11)					
			8.15					
VAR 20								0.46
								(0.13)
								3.58

附录5 论文中的图、表、缩略语目录

1. 图目录

章	节	图号	名称	页码
1	1.4	图 1-1	本书的技术路线	10
2	2.2	图 2-1	电子商务市场模型	16
	2.2	图 2-2	移动商务市场模型	17
	2.3	图 2-3	中国移动通信网络4G演进路线	18
	2.4.1	图 2-4	移动商务产业链	19
	2.4.2	图 2-5	移动商务产业链合作模式	21
	2.5	图 2-6	移动商务领域1999—2009年发表的论文数量	22
	2.5.3	图 2-7	WAP体系结构	25
	2.6	图 2-8	移动商务的研究领域	28
3	3.1.1	图 3-1	UMTS 4G应用框架模型	31
	3.3.2	图 3-2	调查问卷生成过程图	42
	3.4	图 3-3	4G潜在用户年龄分布图	45
	3.4	图 3-4	4G潜在用户学历分布图	46
	3.4	图 3-5	4G潜在用户职业分布图	46
	3.6	图 3-6	碎石图	54
	3.7.1	图 3-7	移动商务应用分类模型	55
	3.7.2	图 3-8	旋转空间上的散点图	58
4	4.1.3	图 4-1	结构方程模型的基本步骤	62
	4.3.1	图 4-2	移动商务应用分类验证模型 M_A	65
	4.3.3	图 4-3	移动商务应用分类模型 M_A 路径图	68
	4.5	图 4-4	移动商务竞争力二阶因子模型路径图	74

续表

章	节	图号	名称	页码
5	5.1	图 5-1	评价方法流程图	
	5.3.4.1	图 5-1	三角模糊数的隶属度函数	86
	5.3.4.2	图 5-2	基于三角模糊数的隶属度函数	87
6	6.2	图 6-1	系统流程框图	95
	6.2.1	图 6-2	基于 AHP 的模糊评价原型系统 IDEF0 图	96
	6.2.2	图 6-3	基于 UML 的关系数据库概念模型	98
	6.2.3	图 6-4	指标体系输入	99
	6.2.3	图 6-5	指标体系显示	99
	6.2.3	图 6-6	权重比较	100
	6.2.3	图 6-7	确定权重	100
	6.2.3	图 6-8	专家评价打分	101
	6.2.3	图 6-9	综合查询	102
	6.3.2	图 6-10	建立移动商务竞争力评价项目	104
	6.3.2	图 6-11	移动商务竞争力评价指标体系输入	104
	6.3.2	图 6-12	移动商务竞争力评价指标体系显示	105
	6.3.2	图 6-13	专家模糊评价	105
	6.3.2	图 6-14	综合模糊计算评价结果	106
	6.3.2	图 6-15	按专家查询综合模糊评价结果	106
	6.3.2	图 6-16	按专家查询综合模糊评价结果	107

2. 表目录

章	节	图号	名称	页码
1	1.1.2	表 1-1	主要的 4G 技术标准比较	4
2	2.1	表 2-1	移动商务概念的界定	14
3	3.1.1	表 3-1	按照业务性质划分的 UMTS 应用分类模型	31
	3.1.2	表 3-2	按照业务性质划分的 CATR Ⅰ 分类模型	32
	3.1.3	表 3-3	按照媒体形式划分的 CATR Ⅱ 分类模型	33

续表

章	节	图号	名称	页码
3	3.1.4	表3-4	按照用户的生活状态划分的CATR Ⅲ应用分类模型	34
	3.1.5	表3-5	PdayResearch的应用分类模型	36
	3.5.1	表3-6	Cronbach α系数与可信度照表	48
	3.5.2	表3-7	KMO and Bartlett's 检验	49
	3.5.2	表3-8	正交旋转最大化因子负载矩阵	50
	3.6	表3-9	KMO and Bartlett's 检验	51
	3.6	表3-10	原始数据公因子方差比	51
	3.6	表3-11	总方差解释表	52
	3.6	表3-12	方差最大化因子载荷矩阵	53
	3.7.1	表3-13	主成分提取与题项间的关系	54
	3.7.1	表3-14	移动商务应用分类模型	56
	3.7.2	表3-15	公共因子得分系数矩阵	56
4	4.3.2	表4-1	相关系数矩阵 Correlation Matrix	66
	4.3.2	表4-2	验证模型LX矩阵的设定	67
	4.3.4.2	表4-3	拟合优度统计量及其数值	71
	4.4	表4-4	修正指数矩阵	72
	4.5	表4-5	M_{A-2ord}拟合优度统计量及其数值	73
	4.6	表4-6	基于顾客需求的移动商务应用影响强度	75
5	5.2.1	表5-1	标度说明	80
	5.3.1	表5-2	面向顾客需求的移动商务竞争力评价指标体系	83
	5.3.2	表5-3	指标权重的确定	85
	5.3.3	表5-4	模糊语言数值化分值表	85
	5.4	表5-5	对方案Ⅰ的专家评价意见表	90
	5.4	表5-6	对方案Ⅱ的专家评价意见表	90
	5.4	表5-7	方案Ⅰ专家群组评价结果	91
	5.4	表5-8	方案Ⅱ专家群组评价结果	91

3. 缩略语目录

2G	2nd Generation Mobile Communications System	第二代移动通信技术
3G	3rd Generation Mobile Communications System	第三代移动通信技术
3GPP	3rd Generation Partnership Project	第三代合作组织
4G	4rd Generation Mobile Communications System	第四代移动通信技术
ADO	Active X Data Objects	微软的一种数据访问接口
AGFI	Anjusted Goodness of Fit Index	修正拟合优度指数
AGFI*	Unbiased Anjusted Goodness of Fit Index	无偏修正拟合优度指数
AHP	Analytical Hierarchy Process	层次分析法
AIC	Akaike Information Criterion for Model	akaike 信息量判据模型
ARPU	Average Revenue Per User	每用户平均利润
CATR	Chinese Academy of Telecommunication Research	中国信息产业部电信研究院
CDMA	Code Division Multiple Access	码分多址接入
CFA	Conformatory Factor Analysis	验证性因子分析
CFI	Comparative Fit Index	相对拟合指数
ECVI	Expected Cross Validation Index	预计交叉验证指数
ERD	Entity Relation Diagram	实体关系图
EFA	Explortory Factor Analysis	探索性因子分析
FDD	Frequency Division Duplexing	频分双工
Fuzzy－AHP	Fuzzy Analytical Hierarchy Process	模糊层次分析法
GFI	Goodness of fit index	拟合优度指数
GFI*	Unbiased Goodness of Fit Index	无偏拟合优度指数
GPRS	General Packet Radio Service	通用分组无线业务
GSM	Global system for Mobile communications	全球移动通讯系统

续表

HSPA	High-Speed Packet Access	高速分组接入
HSPA+	High-Speed Packet Access+	增强型高速分组接入
ICAM	Integrated Computer Aided Manufacturing	一体化计算机辅助制造
IDEF	Integrated Definition Methods	一体化建模方法
IEEE	Institute of Electrical and Electronics Engineers	电气和电子工程师协会
IMT-Advanced	International Mobile Telecommunications-Advanced	高级国际移动通信
IP	Internet Protocal	网络互连协议
ITU	International Telecommunication Union	国际电信联盟
LISREL	Linear Structural Relations	结构方程模型建模工具
LTE	Long Term Evolution	长期演进技术
LTE-Advanced	Long Term Evolution Advanced	长期演进技术升级版
MIMO	Multiple-Input Multiple-Output	多输入多输出
NCP	Non-centrality parameter	离中参数
OFDM	Orthogonal Frequency Division Multiplexing	正交频分复用
OFDMA	Orthogonal Frequency Division Multiple Access	正交频分多址接入
PSTN	Public Switched Telephone Network	公用电话网
QoS	Quality Of Service	服务质量
RMSEA	Root Mean Square Error of Aproximation	均方根误差逼近
RMR	Root Mean Square Residual	均方根剩余
RNI	Relative Noncentrality Index	相对离中指数
SC-FDMA	Single-carrier Frequency-Division Multiple Access	单载波频分多址
SEM	Structural Equation Model	结构方程模型

续表

缩略语	英文全称	中文
HSPA	High-Speed Packet Access	高速分组接入
SRMR	Standard Root Mean Square Residual	标准均方根剩余
SPSS	Statistical Package for the Social Sciences	社会科学统计软件包
TDMA	Time Division Multiple Access	时分多址接入
TDD	Time Division Duplexing	时分双工
TD-SCDMA	Time Division - Synchronous Code Division Multiple Access	时分同步码分多址
TFN	Triangle Fuzzy Nuber	模糊三角数
UMB	Ultra Mobile Broadband	超行动宽带
UML	Unified Modeling Language	统一建模语言
UMTS	Universal Mobile Telecommunications System	通用移动通信系统
VS.NET	Visual Studio.NET	微软集成开发平台
WCDMA	Wideband Code Division Multiple Access	宽带码分多址
WiMAX	Worldwide Interoperability for Microwave Access	全球微波互联接入
WirelessMAN-Advanced	Wireless Metropolitan Area Networks Advanced	移动无线城域网升级版
WLAN	Wireless Local Area Network	无线局域网

参考文献

[1] Clarke III, Emerging value propositions for m－commerce, Journal of Business Strategies, 2001,18(2):133－148.

[2] Datamonitor, Global mContent Markets:Paving the Way for Mobile Commerce, Datamonitor, New York, 2005.

[3] [EB/OL]Financial Results Forecasts for Fiscal Year Ending March 31, 2006 Amended, http://www.nttdocomo.com/pr/2005/000663.html

[4] [EB/OL]http://www.vodafone.com.

[5] N. Sadeh, M－commerce:Technologies, Services, and Business Models, John Wiley and Sons, New York, 2002.

[6] U. Varshney, R. Vetter, Mobile commerce:framework, applications and networking support, Mobile Networks and Applications 7(3)(2002)185－198.

[7] 曹淑敏.第三代移动通信的发展现状及分析[J].电信网技术,2001(4).

[8] Xiaoni Zhang, Victor R. Prybutok. How the mobile communication markets differ in China, the U.S., and Europe [J]. COMMUNICATIONS OF THE ACM March 2005, Vol. 48, No. 3, 111－114.

[9] 菲利普·科特勒.市场营销原理[M].北京:机械工业出版社,2005.

[10] 董铁牛,杨乃定.基于生命周期理论的软件项目投标风险评估[J].计算机工程与应用,2007,43(9).

[11] 张静秋.国外竞争力理论研究综述[J].商场现代化,2006(12):24－25.

[12] 薄湘平,易银飞.国内外企业竞争力研究综述[J].商业研究,2007(12):11－16.

[13] 程巍,郎丽.基于产业生命周期理论的新兴产业的思考[J].当代经理人,2006(21):1240－1241.

[14] 杨梅英,黄页.国内外企业竞争力理论与学派发展综述[J].中国集体经济,2007(1):49－52.

[15] 李燕,舒华英.3G初期中国运营商的目标市场定位[J].移动通信,2005

(9):54-56.

[16] 朱春奎. 国外竞争力理论研究综述[J]. 生产力研究,2004(1):187-188.

[17] 黄伟,王润孝等. 移动商务研究综述[J]. 计算机应用研究,2006.(10).

[18] 刘红. 中国电信运营商发展3G业务应用探讨[J]. 信息网络,2005,(3):34-36.

[19] Leung, K., Antypas, J., 2001. Improving returns on M－commerce investment. Journal of Business Strategy 22 (5), 12-14.

[20] Balasubramanian, S., Peterson, R. A., Jarvenpaa, S. L., 2002. Exploring the implications of M－commercefor markets and marketing. Journal of the Academy of Marketing Science 30 (4), 348 - 361.

[21] Barnes, S. J., 2002. The mobile commerce value chain: Analysis and future developments. InternationalJournal of Information Management 22, 91-110.

[22] Gunsaekaran, A., Ngai, E., 2003. Special issue on mobile commerce: Strategies, technologies and applications. Decision Support Systems 35, 187-188.

[23] C. Coursaris, K. Hassanein, Understanding m－commerce, Quarterly Journal of Electronic Commerce 3 (3) (2002) 247- 271.

[24] Nakamura, H.; Tsuboya, H.; Nakano, M.; Nakajima, A. Applying ATM to mobile infrastructure networks. Communications Magazine, IEEE,Volume 36,Issue 1,Jan. 1998 Page(s):66 - 73.

[25] Kyeonghoon Kang, Jehoon Yoo, Yoonju Lee. Future integrated mobile network based on IN. Information, Communications and Signal Processing, 1997. ICICS., Proceedings of 1997 International Conference on 9-12 Sept. 1997 Page(s):883 - 887.

[26] Ching－Chuan Chiang, Gerla, M. Routing and multicast in multihop, mobile wireless networks. Universal Personal Communications Record, 1997. Conference Record., 1997 IEEE 6th International Conference on Volume 2, 12-16 Oct 1997 Page(s):546 - 551.

[27] Ramjee, R, La Porta et. al. IP－based access network infrastructure for next－generation wireless data networks. Personal Communica-

tions, Volume 7, Issue 4, Aug. 2000,Page(s):34—41.

[28]Crespi, N. A new architecture for wireline access to the 3G IP Multimedia Subsystem[C]. Communications and Signal Processing, 2005 Fifth International Conference 06—09 Dec. 2005 Page(s):493 — 497.

[29]杨公朴,夏大尉. 产业经济学教程[M]. 上海:上海财经大出版社,2002.

[30]Choi, Stahl, and Whinston. The E—commerce Economics[M]. 北京:机械工业出版社,1997.

[31]Tzeng, H. H. —Y, Kai—Yeung Siu. On the complexity of location management in wireless networks[C]. Global Telecommunications Conference, 1996, Communications: The Key to Global Prosperity. volume 3, 18—22 Nov. 1996 Page(s):1695—1699.

[32]Akyildiz, I. F, Wang, W. A dynamic location management scheme for next—generation multitier PCS systems[C]. Wireless Communications, IEEE Transactions on, Volume 1, Issue1, Jan. 2002 Page(s): 178 —189.

[33]Roos A., Hartman M., Dutnall S. Critical issues for roaming in 3G [C]. Wireless Communications, IEEE, Volume 10, Issue 1, Feb. 2003 Page(s):29— 35.

[34]Hanping Lufei, Weisong Shi. Energy—aware QoS for application sessions across multiple protocol domains in mobile computing[J]. Computer Networks, 51 (2007) 3125—3141.

[35]Aphrodite Tsalgatidou, Evaggelia Pitoura. Business models and transactions in mobile electronic commerce: requirements and properties[J]. Computer Networks 37(2001)221—236.

[36]Marcus Herzog, Georg Gottlob. A Flexible Framework for M—Commerce Applications[C]. Proceedings of the Second International Workshop on Technologies for E—Services, Sep. 2001,175—186.

[37]Upkar varshney, Ron vetter. Mobile Commerce: Framework, Applications and Networking Support[J]. Mobile Networks and Applications, 2002 (7), 185—198.

[38]Hee—Woong Kim, Hock Chuan Chan, Sumeet Gupta. Value—based

Adoption of Mobile Internet: An empirical investigation[J]. Decision Support Systems, Volume 43, Issue 1, 111—126.

[39]Thomas Bochholz, Iris Hochstatter, Claudia Linnholf—Popien. Distrubution Strategies for the Contextualized Mobile Internet[J]. Electronic Commerce Research and Applications, Volume 6, Issue 1, 40—52.

[40]Dong—Her Shih, Binshan Lin and Shin—Yi Huang. MoRVAM: A reverse Vickrey auction system for mobile commerce[J], Expert Systems with Applications, Volume 32, Issue 4, 1113—1123.

[41]Timon C. Du, Eldon Y. Li and Eric Wei. Mobile agents for a brokering service in the electronic marketplace[J], Decision Support Systems, Volume 39, Issue 3, 371—383.

[42]Wei—Po Lee. Deploying personalized mobile services in an agent—based environment[J], Expert Systems with Applications, Volume 32, Issue 4, 1194—1207.

[43]G. Krishnamurthi, S. Chessa and A. K. Somani Fast recovery from database/link failures in mobile networks [J]. Computer Communications, Volume 23, Issues 5—6, 1 March 2000, Pages 561—574.

[44]Jaroslav Pokorny, Database architectures: Current trends and their relationships to environmental data management[J], Environmental Modelling & Software, Volume 21, Issue 11, 1579—1586.

[45]Nikos Komninos, Dimitrios D. Vergados and Christos Douligeris. Authentication in a layered security approach for mobile ad hoc networks [J], Computers & Security, Volume 26, Issue 5, 373—380.

[46]A. Boukerch et al. , Trust—based security for wireless ad hoc and sensor networks, Computer Communication (2007), doi:10.1016/j.comcom.2007.04.022.

[47]Sebastian Nanz and Chris Hankin. A framework for security analysis of mobile wireless networks[J]. Theoretical Computer Science, Volume 367, Issues 1—2, 203—227.

[48][EB/OL]http://www.nettechRF.com, 2005.

[49]Qun YU, Mei—na SONG, Jun—de SONG and Xiao—su ZHAN. Re-

search and design of wap service system based on MISC platform[J]. The Journal of China Universities of Posts and Telecommunications, Volume 13, Issue 4, 34—38.

[50] Vodafone adds face recognition to 3G handset[J], Biometric Technology Today, Volume 14, Issue 3, 4.

[51] Sung－Hun Sim, et al. Multilayer helical dipole antenna for IMT－2000 handset[J]. Materials Chemistry and Physics, Volume 79, Issues 2－3, 111—115.

[52] Carsten Schaefer, Christoph Weber and Alfred Voss, Energy usage of mobile telephone services in Germany [J]. Energy, Volume 28, Issue 5, 411—420.

[53] Kenneth S·rensen. Multi－objective optimization of mobile phone keymaps for typing messages using a word list[J]. European Journal of Operational Research, Volume 179, Issue 3, 838—846.

[54] [EB/OL]智能手机操作系统谁主沉浮, http://tech.163.com/special/00091N8B/analyse024.html, 网易学院.

[55] 付小青, 许忠良. 基于公钥密码体制的 3G 安全研究[J]. 信息安全与通信保密, 2006(11):109—111.

[56] 余敏, 尤晋元. 移动计算中维持可靠通讯链路的组件迁移[J]. 计算机工程与应用,2002(15):140—142.

[57] 卢曼莎, 基于 Web 服务的大型移动电子商务系统的设计与实现[J]. 计算机工程与设计,2002.9(18):3457—3462.

[58] Jan Ondrus and Yves Pigneur. Towards a holistic analysis of mobile payments: A multiple perspectives approach[J]. Electronic Commerce Research and Applications, Volume 5, Issue 3, 246—257.

[59] 潘旭. 一个基于短消息的移动小额支付平台解决方案[J]. 计算机应用, 2004(10).

[60] 吕廷杰. 移动互联网与移动电子商务的研发与应用[J]. 电信研究,2001(2):10—23.

[61] Petros Nicopolitidis, Georgios Papadimitriou et al. The Economics of Wireless Networks[J], COMMUNICATIONS OF THE ACM, April

2004,Vol. 47, No. 4,83-86.

[62] 王惠森. 我国移动 C2C 商务模式的构建研究[D]. 电子科技大学硕士论文,2006.

[63] 崔岩,刘永杰,周玉洁. 一种适用于移动电子商务的微支付方案[J]. 计算机工程与应用,2005(35):125-28.

[64] 张铭洪. 网络经济下的市场竞争策略与政府政策研究[D],厦门大学博士论文,2001.

[65] 黄伟. 论移动商务应用[J]. 重庆邮电大学学报. 2007(1).

[66] [EB/OL]CATR. 移动企业应用发展现状与展望. http://report.catr.cn/200604/t20060409_166725.htm,2005.8.

[67] Pieter T. M. Desmet, David De Cremer, Eric van Dijk. Trust recovery following voluntary or forced financial compensations in the trust game: The role of trait forgiveness[J]. Personality and Individual Differences. 2010 (3)

[68] [EB/OL]CATR. 国际电信消费分析. http://report.catr.cn/200611/t20061124_517051.htm,2006.10.

[69] [EB/OL]2011-2015 年中国移动运营市场分析预测及投资方向研究报告（BZ）. http://report.catr.cn/201006/t20100619_582962.htm,2010.9.

[70] [EB/OL]CATR. 国外大型电信运营商竞争力研究分析报告. http://report.catr.cn/201204/t20120409_166688.htm,2012.5.

[71] [EB/OL]CATR. 国外传统电信运营商业务发展策略研究. http://report.catr.cn/201204/t20120409_166726.htm,2012.8.

[72] 徐建中,毕琳. 基于因子分析的城市化发展水平评价[J]. 哈尔滨工程大学学报,2006(4):313-318.

[73] 周磊. 中国在线消费者对在线营销者信任问题的实证研究[D]. 复旦大学博士论文,2005.

[74] 胡永宏,贺思辉. 综合评价方法[M]. 北京:经济科学出版社,2000. 何晓群. 现代统计分析方法与应用[M]. 北京:中国人民大学出版社,2003.

[75] 马庆国. 管理统计——数据获取、统计原理、SPSS 工具与应用研究[M]. 北京:科学出版社,2003.

[76] 王松涛. 探索性因子分析与验证性因子分析比较研究[J]. 兰州学刊, 2006(5): 155-156.

[77] Wei Huang, Runxiao Wang. An Empirical Investigation: Exploring Customer Perception of Mobile-commerce in China. The 3rd IEEE International Conference on Wireless Communications, Networking and Mobile Computing (WiCOM2007), 2007, 9.

[78] 王核成. 基于动态能力观的企业竞争力及其演化研究[D]. 浙江大学博士论文, 2005.

[79] Kurt T. Dirks, Peter H. Kim, Donald L. Ferrin, Cecily D. Cooper. Understanding the effects of substantive responses on trust following a transgression[J]. Organizational Behavior and Human Decision Processes. 2010 (2).

[80] Pruthikrai Mahatanankoon, H. Joseph Wen, Billy Lim. Consumer-based m-commerce: exploring consumer perception of mobile application. Computer standard & interfaces, 27(2005): 347-357.

[81] Wei Huang, Runxiao Wang. An Empirical Investigation: Exploring Customer Perception of Mobile - commerce in China. Wicom2007, IEEE, 2007.9.

[82] Anderson. J. C & Gerbing D. W. Sructural equation modeling in practice, a review and recommended two-step approach [J]. Psychological Bulletin, 1988.

[83] Peter J. Paul. Reliability: a review of psychometric basics and recent marketing practices [J]. Journal of Marketing Research. 1979.

[84] 耿修林, 张琳. 管理统计[M]. 北京: 科学出版社, 2003.

[85] 石金涛, 王莉. 管理技能的因子分析及其对绩效影响的实证研究[J]. 管理工程学报, 2004(1): 76-80.

[86] 许建中, 毕琳. 基于因子分析的城市化发展水平评价[J]. 哈尔滨工程大学学报, 2006, 4(2): 313-318.

[87] 何有世, 许文芹. 因子分析法在工业企业经济效益综合评价中的应用[J]. 2003, 1(1): 19-22.

[88] 林海明. 因子模型的精确模型及其解[J]. 统计与决策, 2006, 7(下): 4

-5.

[89] 王增民. 因子分析法在企业经济效益的综合分析与评价中的应用[J]. 数理统计与管理,2002,1(1):10-13.

[90] 卢政营,王静. 银行信用卡需求因子探索性分析[J]. 华北金融,2007(4):45-47.

[91] 韩维贺,李浩,仲秋燕. 知识管理过程测量工具研究:量表开发、提炼和检验[J]. 中国管理科学,2006,10(5):128-136.

[92] V. Venkatesh, Understanding usability in mobile commerce, CACM 46 (12), 2003 (December) 53-56.

[93] Y. Lee, I. Benbasat, User interface design for mobile commerce, CACM 46 (12) (2003 (December)) 49-52.

[94] Lawrence G. Grimm and Paul R. Yarnold, Reading and understanding more multivariate statistics [M]. American Psychological Association,2000.

[95] 侯杰泰,温忠麟,成子娟. 结构方程模型及其应用[M]. 北京:教育科学出版社,2004.

[96] Quintana S M, Maxwell S E. Implications of Recent Developments in Structural Equation Modeling for Counseling Psychology. Counseling Psychologist,1999,27(4):485.

[97] 林嵩,姜彦福. 结构方程模型理论及其在管理研究中的应用[J]. 科学学与科学技术管理,2006.(02):38-41.

[98] 方平,熊端琴,曹雪梅. 结构方程模式的发展与应用[J]. 心理科学进展,2002(3):270-279.

[99] 孙连荣. 结构方程模型(SEM)的原理及操作[J]. 宁波大学学报,2005.(04):31-43.

[100] 娄峥嵘. 浅议结构方程建模的基本步骤[J]. 生产力研究,2005.(06):201-202.

[101] BollenK A. Structural equations with latent variables. New York: Wiley Inter science,1989. 16-20.

[102] MacCallum R C. Model specification: Procedures, strategies, and related issues. In: Hoyle R H. ed. Structural equation modeling: Concepts, issues, and applications ,Thousand Oaks, CA: Sage, 1995. 16

~36.

[103] Maxwell S E, Delaney H D. Designing experiments and analyzing data: A model comparison perspective. Pacific Grove: CA: Brooks/Cole, 1990.

[104] 袁方. 社会研究方法教程[M]. 北京:北京大学出版,2002.

[105] Heppner P P, KivlighanD M Jr, Wampold B E. Research design in counseling (2nd ed.). Pacific Grove, CA: Brooks/Cole, 1999.

[106] Houts A C, Cook T D, Shadish W R. The person-situation debate: A critical multiplist perspective. Journal of Personality, 1986, 54:52—87.

[107] 胡中锋,莫雷. 论因素分析方法的整合[J]. 心理科学,2002(25).

[108] Bollen K A, Lennox R. Conventional wisdom on measurement: A structural equation perspective. Psychological Bulletin, 1991, 110: 305—314.

[109] 王宇,商业银行竞争力评价理论与方法研究[D],哈尔滨工业大学博士论文,2005.

[110] Joreskog K G. Testing structural equations models. In: BollenK A, Long J S. ed. Testing structural equations models, Newbury Park, CA: Sage, 1993. 294—316.

[111] MacCallum R C, Browne M W. The use of causal indicators in covariance structure odels: Some practical issues. Psychological Bulletin, 1993, 114: 533—541.

[112] Kenny D A. Correlation and causality. New York: Wiley Inter science, 1979.

[113] Satorra A, Bentler P M. Corrections to test statistic and standard errors in covariance structure analysis. In: Von Eye A, Clogg C C. ed. Analysis of latent variables in developmental research Newbury Park, CA: Sage, 1994. 399—419.

[114] Browne M W, Cudeck R. Alternative ways of assessing model fit. In: BollenK A, Long J S. ed. Testing structural equations models, Newbury Park, CA: Sage, 1993. 136—162.

[115] MacCallum R C, Browne M, Sugawara H. Power analysis and determination of sample size for covariance structure modeling. Psychological Methods, 1996, 1: 130-149.

[116] Anderson J C, Gerbing D W. Stuctural equation modeling in practice: A review and recommended two-step approach. Psychological Bulletin, 1988, 103: 411-423.

[117] Bentler P M. EQS: Structural equations program manual. Los Angeles: BMDP statistical Software, 1989.

[118] 孙连荣. 结构方程模型(SEM)的原理及操作[J]. 宁波大学学报, 2005, 4(2): 31-34.

[119] 胡浩峰, 贺昌政. 基于SEM的消费者行为研究[J]. 华东经济管理, 2006, 2(20): 112-115.

[120] [EB/OL] Stuctural Equation Modeling Using AMOS: An Introduction, http://www.utexas.edu/cc/stat/tutorials/amos/index.html.

[121] 姜明辉, 曹兴中. 商业银行客户满意度模型及其求解方法[J]. 统计与决策, 2004, 4(下): 23-25.

[122] 林盛. 基于PLS结构方程模型的服务行业顾客满意度测评方法及应用研究[D]. 天津大学博士论文, 2002, 12.

[123] 高海霞. 消费者的感知风险及减少风险行为研究[D]. 浙江大学博士论文, 2003.

[124] 李永强. 城市竞争力评价的数理方法比较[J]. 软科学, 2006, 20(3): 77-80.

[125] Bentler P M, Bonett D G. Significant tests and goodness of fit in the analysis of covariance structures. Psychological Bulletin, 1980, 88: 588-606.

[126] Bentler P M. Comparative fit indexes in structural models. Psychological Bulletin, 1990, 107: 238-246.

[127] Bollen K A, Long J S (Eds.). Testing structural equation models. Newbury Park, CA: Sage, 1993.

[128] Byrne B M. Structural equation modeling with LISREL, PRELIS, and SIMPLIS: basic concepts, applications, and programming [M]. Mah-

wah, NJ: Lawrence Erlbaum Associates, 1998.

[129] Cudeck R, du Toit S, S? rbom D. Stuctural equation modeling: Present and future[M]. A Festschrift in honor of Karl J? reskog. Chicago, IL: Scentific Software International, 2001.

[130] Hau K T. Confirmatory analyses of seven locus of control measures. Journal of Personality Assement, 1995, 65:117－132.

[131] 侯杰泰,钟财文,林文莺.结构方程式之吻合概念及常用指数之比较[J]. 教育研究学报(香港),1998(11)73－81.

[132] Marsh H W, Hau K T, Balla J R, Grayson D. Is more ever too much: The numbers of indicators per factor in confirmatory factor analysis [J]. Multivariate Behavioral Reasearch, 1998, 33(2):181－220.

[133] Orlando Duran, Jose' Aguilo, Computer－aided machine－tool selection based on a Fuzzy－AHP approach [J]. Expert Systems with Applications, doi:10.1016/j.eswa,.2007.01.046.

[134] Metin Dagdeviren, Ihsan Yuksel, Mustafa Kurt, A fuzzy analytic network process (ANP) model to identify faulty behavior risk (FBR) in work system [J]. Expert Systems with Applications 34（2008）96－107.

[135] 张学志,陈功玉. AHP 与 Delphi 法相结合确定供应商评价指标权重 [J]. 物流技术. 2005(9):71－74.

[136] Kwong C K, Bai H. A Fussy AHP Approach to the Determination of Importance Weights of Customer Requirements in Quality Function Deployment[J]. Journal of Intelligent Manufacturing, 2002, 13(3):367－377.

[137] Zeki A. A Fuzzy AHP－based Simulation Approach to Concept Evaluation in a NPD Environment [J]. IE Transactions, 2005,37(9):827－842.

[138] 蹇明,黄定轩,武振业. 无决策属性的多属性决策权重融合方法[J]. 西南交通大学学报,2005,40(2):264－268.

[139] 邓丽,刘阶萍,查建中. 基于 QFD 和 CBR 的产品方案设计综合评价 [J]. 高技术通讯,2005,15(3):44－47.

参考文献

[140] 古莹奎,黄洪钟,吴卫东. 基于Pareto解的交互式模糊优化及其应用[J]. 清华大学学报,2004,44(8):1111-1114.

[141] 刘敬学,费奇. 一种确定协商评价问题属性权重的方法[J]. 控制与决策,2005,20(6):713-716.

[142] 杨纶标,高英仪. 模糊数学原理与应用(第三版)[M]. 广州:华南理工大学出版社,2001.

[143] 刘普寅,吴孟达. 模糊理论及其应用[M]. 长沙:国防科技大学出版社,1998.

[144] 蒋贵川,范育顺等. 一种敏捷性评价方法和体系[J]. 计算机集成制造系统CIMS,2002,1(1):54-56.

[145] 古莹奎,吴陆恒. 机械运动方评价中评价因素权重确定的模糊层次分析法[J]. 中国机械工程,2007,9(18):1052-1055.

[146] 赵玲萍. 多层次模糊综合评判法在中水工程中的应用[J]. 甘肃科学学报,2005,17(1):111-113.

[147] 李煜华. 管理信息系统的模糊综合评价模型研究[J]. 哈尔滨工业大学学报,2004,36(8):1128-1131.

[148] 闫士举,宋海生. 基于IAHP与模糊重心(矩)的制造执行系统综合业绩分析与评价模型[J]. 组合机床与自动化加工技术,2003(12):20-22.

[149] 马云东,胡明东. 改进的AHP法及其在多目标决策中的应用[J]. 系统工程理论与实践,1997(6):40-44.

[150] 钟诗胜,王知行,何新贵. 基于模糊区间分和模糊重心的决策方法[J]. 系统工程理论与实践,1997(3):8-15.

[151] 刘万里,雷治军. 关于AHP中判断矩阵校正方法的研究[J]. 系统工程理论与实践,1997,17(6):3034-3039.

[152] 石志国. NET分布式编程[M]. 北京:清华大学出版社. 2004.

[153] (美) Anders Hejlsberg, Scott Wiltamuth, Peter Golde著. C#编程语言详解[M]. 北京:电子工业出版社. 2004.

[154] (美) Tom Barnaby著. .NET分布式编程[M]. 北京:清华大学出版社. 2004.

[155] 东方人华主编,刘振岩,刘慧敏,王欢编著. ASP.NET数据库开发[M]. 北京:清华大学出版社. 2004.

[156] 郭海英,钟廷修. 用 UML 和 IDEF 方法对软件开发进行建模[J]. 计算机工程与应用,2002(4):105－171.

[157] 梁迪,谢里阳等. 基于 IDEF&UML 的生产过程管理系统的建模研究[J]. 小型微型计算机系统,2006,5(5):956－960.

[158] 尚文利,王成恩等. 基于 IDEF 与 UML 的系统建模方法[J]. 计算机集成制造系统－CIMS,2004,3(3):252－258.

[159] 贾晓辉,夏敏捷. UML 类模式在数据库中的应用[J]. 计算机应用与软件,2007,24(7):77－82.

[160] 申光,陈志刚. UML 在关系数据库设计中的应用[J]. 计算技术与自动化,2005,24(1):112－113.

[161] 马君. 基于 UML 的决策支持系统开发方法[J]. 统计与决策,2005(3):43－44.

[162] E. W. T. Ngai and A. Gunasekaran. A review for mobile commerce research and applications[J]. Decision Support Systems, Volume 43, Issue 1, February 2007, 3－15.

[163] Ying－Feng Kuoa, Ching－Wen Yub. 3G telecommunication operators' challenges and roles: A perspective of mobile commerce value chain [J]. Technovation, Volume 26, Issue 12, December 2006, Pages 1347－1356.

[164] Irfan Awan, Suhani Singh. Performance evaluation of e－commerce requests in wireless cellular networks [J]. Information and Software Technology, Volume 48, Issue 6, June 2006, Pages 393－401.

[165] Yi－Shun Wang, Yi－Wen Liao. The conceptualization and measurement of m－commerce user satisfaction [J]. Computers in Human Behavior, Volume 23, Issue 1, January 2007, Pages 381－398.

[166] Stuart J. Barnes. The mobile commerce value chain: analysis andfuture developments [J]. International Journal of Information Management, Volume 22, Issue 2, April 2002, Pages 91－108.

[167] Ronald J. Norman. OBJECT－ORIENTED SYSTEMS ANALYSIS AND DESIGN,清华大学出版社. Prentice－Hall International, Inc. 1998.

[168] Ronald J. Norman 著. 周之英,肖奔放,柴洪均译. 面向对象系统分析与设计清华大学出版社[M]. PRENTICE HALL：2000.7.

[169] 芳芸,柴跃廷编著. CIMS 环境下一集成化管理信息系统的分析、设计与实施[M]. 清华大学出版社.1996.

[170] Abraham Silberschatz, Henry F. Korth 等著,杨冬青,唐世渭等译. 数据库系统概念[M]. 机械工业出版社,2003.

[171] 高大鹏,董玉德,邓茶平. 基于 UML 系统分析的关系数据库设计[J]. 计算机辅助工程,2006,15(1):42－46.

[172] 陈珺,张志胜,张传海. 支持流程更新的信息管理 IDEF 建模[J]. 电气技术与自动化,2004,33(1):82－85.

[173] Peter Tarasewich. Designing Mobile Commerce Applications [J], COMMUNICATIONS OF THE ACM, December 2003, Vol. 46, No. 12, 57－60.

[174] 郭亚军. 综合评价理论、方法及应用[M]. 北京:科学出版社,2007.

[175] 杜栋,庞庆华. 现代综合评价方法与案例精选[M]. 北京:清华大学出版社,2005.

[176] 罗剑锋. 产业链变革的动态视角下通信运营商合作伙伴选择与合作机制研究[D]. 中南大学博士论文,2013.

[177] 孟庆红. 基于顾客满意度的电信运营商竞争优势研究[D]. 电子科技大学博士论文,2013.

[178] 陈志刚,陈健. 浅析移动电子商务产业链的整合[J]. 计算机辅助工程,2013,28(3):41－44.

[179] 覃征,曹玉辉,王卫红等. 移动电子商务[M]. 北京:清华大学出版社,2012:17－20.

[180] 徐明慧,许志勇. 基于价值链的移动电子商务应用发展[J]. 通信企业管理,2013(2):78－79.

[181] 伍爵博,曹慧,陆哲璐. 国外电子商务业务模型对我国的启示[J]. 电子商务,2012,(3):21－23.

[183] 沈剑. 我国三网融合上下游产业有效竞争关系研究[D]. 北京邮电大学博士论文,2011.

[184] 余波. 基于三网融合的信息服务展望[J]. 图书情报工作,2011,55

(15):128—132.

[185] 曾俊全. 三网融合与功能拆分[J]. 中国电信业,2011,123(3):52—53.

[186] 曾剑秋. 网和天下——三网融合理论、实验与信息安全[M]. 北京:北京邮电大学出版社,2010.

[187] 章海峰. 供应链企业战略合作风险因素分析[J]. 武汉冶金管理干部学院学报,2010,14(4):18—21.

[188] 张瑞雯. 电信企业开展三网融合业务的路径探讨[J]. 通信企业管理,2011(4):24—25.

[189] 鲁维. 三网融合时代的机遇和挑战[J]. 中国电信业,2011(2):7—11.

[190] 马惠. 运营支撑服务是三网融合重点[J]. 通信世界,2011,4(2):15—18.

[191] 何霞. 新形势下,进一步推进三网融合的发展[J]. 移动通信,2011(23)9.—11.

[192] 胡智海. 三网融合下的广电、电信和互联网企业竞合分析[J]. 信息网络,2010,12(2):70—73.

[193] 陈果. Mil 移动行业报告[EB/OL]. http://www.techweb.com.cn/world/2011—07—08/106305 1.shtml.

[194] 夏小健. 移动互联网企业竞争力提升研究[D]. 哈尔滨工程大学博士论文,2011.

[195] 周应堂,狄小丽. 网络组织结构与企业竞争力分析研究[J]. 科技管理研究,2010(4):21—26.

[196] 郭靖,郭晨峰. 中国移动互联网应用市场分析[J]. 移动通信,2010:(21),61—67.

[197] 屈雪莲,李安英,陆音. 移动互联网用户需求趋势剖析[J]. 移动通信,2010(21):68—71.

[198] 姚璇. 电信运营商移动商务发展态势和商业模式研究[D]. 南京邮电大学博士论文,2011.

[199] 易振宁. 电信运营商在移动互联网产业链变革中的应对策略[J]. 现代电信科技,2010(10):70.

[200] 张军. 中国移动商务面临的挑战及对策研究[J]. 市场论坛,2013(03):72—73.

[201] 伍爵博,曹慧,陆哲璐. 国外移动电子商务业务模型对我国的启示[J].

电子商务,2012(02):21—26.
[202]满青珊.移动商务合作伙伴关系模型及其协调机制研究[D].华中科技大学博士论文,2012.
[203]韩煜东.面向商业模式创新的移动智能终端用户消费行为研究[D].重庆大学博士论文,2013.
[204]刘宏蛟.移动电子商务发展,核心在于商业模式创新[J].信息与电脑,2011(11):46—48.
[205]成韵.基于顾客价值的企业竞争优势构建:一种持续营销的视角[J].信息系统工程,2010(2):78—82.